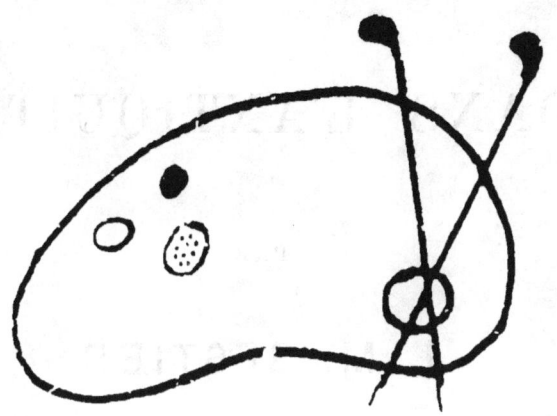

Couvertures supérieure et inférieure
en couleur

LA PIRATERIE

DANS L'ANTIQUITÉ

PAR

J. M. SESTIER

PARIS
LIBRAIRIE DE A. MARESCQ AINÉ, ÉDITEUR
20, RUE SOUFFLOT, 20
—
1880
Tous droits réservés.

CHEZ LE MÊME ÉDITEUR

HISTOIRE
DES
INSTITUTIONS DE L'AUVERGNE
CONTENANT UN ESSAI HISTORIQUE SUR LE DROIT PUBLIC ET PRIVÉ DANS CETTE PROVINCE

Par H. F. RIVIÈRE
Docteur en droit, Conseiller à la Cour d'appel de Riom,
Membre correspondant de l'Académie de législation de Toulouse.

2 beaux volumes in-8° raisin avec une carte coloriée............ 18 francs

L'ESPRIT DU DROIT ROMAIN
DANS LES
DIVERSES PHASES DE SON DÉVELOPPEMENT
Par R. Von IHERING
Professeur ordinaire de droit à l'Université de Goettingen.

TRADUIT SUR LA TROISIÈME ÉDITION AVEC L'AUTORISATION DE L'AUTEUR

Par O. de MEULENAERE
Conseiller à la Cour d'appel de Gand.

4 beaux volumes in-8° 2° édition............ 40 francs

LES CONSTITUTIONS DE LA FRANCE
OUVRAGE CONTENANT
OUTRE LES CONSTITUTIONS, LES PRINCIPALES LOIS RELATIVES AU CULTE,
A LA MAGISTRATURE, AUX ÉLECTIONS, A LA LIBERTÉ DE LA PRESSE, DE RÉUNION ET D'ASSOCIATION
A L'ORGANISATION DES DÉPARTEMENTS ET DES COMMUNES

AVEC UN COMMENTAIRE
Par M. Faustin-Adolphe HÉLIE
Juge au Tribunal civil de la Seine,
Ancien sous-chef de bureau au Ministère de l'intérieur, ancien secrétaire en chef du Parquet de la Cour de Cassation.

1880, 1 fort vol. in-8°, contenant les matières de 3 vol. ordinaires, 18 fr.

COURS ÉLÉMENTAIRE DE DROIT ROMAIN
CONTENANT
1° UN ABRÉGÉ DE L'HISTOIRE EXTERNE DU DROIT ROMAIN,
2° L'EXPLICATION COMPLÈTE DES INSTITUTES DE GAIUS ET DES INSTITUTES DE JUSTINIEN
3° L'EXPLICATION DES PRINCIPAUX TEXTES DU DIGESTE ET DU CODE
AINSI QUE DES NOVELLES QUI S'Y RAPPORTENT.

Par M. Ch. DEMANGEAT
Conseiller à la Cour de Cassation, professeur honoraire à la faculté de droit de Paris.

3° ÉDITION REVUE ET AUGMENTÉE

1876, 2 volumes in-8°............ 20 francs

COURS D'INSTITUTES
ET
D'HISTOIRE DU DROIT ROMAIN
Par P. NAMUR
Professeur ordinaire à l'Université de Liège, Officier de l'Ordre de Léopold.

3° ÉDITION CORRIGÉE ET AUGMENTÉE

1878, 2 volumes in-8°............ 16 francs

Paris. — Imp. E. Capiomont et V. Renault, rue des Poitevins, 6.

LA PIRATERIE

DANS L'ANTIQUITÉ

CHATEAUROUX. — TYP. ET STÉRÉOTYP. A. NURET ET FILS

LA
PIRATERIE
DANS L'ANTIQUITÉ

PAR

J. M. SESTIER

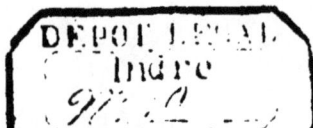

PARIS
LIBRAIRIE DE A. MARESCQ AINÉ, ÉDITEUR
20, RUE SOUFFLOT, 20
(Au coin de la rue Victor-Cousin)

1880
Tous droits réservés.

INTRODUCTION

Tous les peuples primitifs établis dans les pays méditerranéens ont exercé la piraterie dans l'antiquité. Il me faudra donc entrer dans l'histoire même des nations maritimes depuis leurs origines, et suivre parfois pas à pas leur sort et leurs destinées, parce que, de cette manière seulement, il me semble possible de reconstituer avec intérêt les divers caractères de la piraterie, d'en rechercher les causes, et d'expliquer les transformations qu'elle a subies avec la marche des siècles, avec les progrès de l'humanité et sous l'influence d'événements considérables auxquels elle ne fut jamais étrangère.

La piraterie se révèle, au début, comme une condition inhérente à l'état social. J'insisterai sur ce point, et j'établirai, à l'aide d'une étude sur la civilisation primitive, que la piraterie fut pour les antiques peuplades maritimes une nécessité qui naquit de la difficulté de *se procurer les premiers besoins de l'existence. Les tribus primitives entreprirent la piraterie sur la mer, comme la guerre sur le continent, afin de se procurer des vivres. Dans une époque où toute notion du droit des gens était inconnue, où chaque petite nation vivait dans un exclusivisme étroit, le voisin, ses propriétés et ses biens étaient considérés comme autant de proies qu'il était licite de saisir et glorieux même de conquérir par la force ou par la ruse.*

Pendant toute cette période préhistorique, *la piraterie fut une profession parfaitement avouable.*

Les légendes les plus accréditées des temps mythologiques et héroïques, nous fourniront la preuve que la piraterie fit son apparition sur la Méditerranée avec les premiers navigateurs. L'histoire confirmera ce fait, car c'est par des récits d'enlèvements, de violences, de pillage, que les plus grands écrivains de l'antiquité ont commencé leurs œuvres.

Tous les peuples des côtes de la Méditerranée ont pratiqué la piraterie au début de leur histoire, soit d'une manière générale dans leurs incursions, soit d'une façon plus restreinte dans des expéditions aventureuses. Celles-ci étaient néanmoins profitables au progrès de l'humanité, puisque ces aventuriers, trans-

formés en personnages héroïques par les écrivains, agrandirent les bornes du monde connu, et furent, en même temps, des négociants, échangeant les produits des divers pays et répandant, dans tout le bassin méditerranéen, l'usage de l'écriture, les cultes et les arts orientaux.

*Quand les différentes races se furent assises autour de la Méditerranée et constituées en nations distinctes, elles luttèrent entre elles pour conquérir la suprématie maritime appelée l'*Empire de la mer*. Presque tous les peuples le possédèrent successivement, et tous en firent le même usage. En plein épanouissement de la civilisation grecque, l'Empire de la mer était défini par un écrivain politique athénien « l'avantage de pouvoir » faire des courses et de ravager les États étrangers » sans crainte de représailles. »*

Cette piraterie de peuple à peuple fut la cause des plus grandes guerres de l'antiquité.

L'histoire nous montrera certaines nations, contractant des alliances pour exercer, d'un commun accord, la piraterie contre des États plus faibles ou contre des races ennemies vouées à une haine nationale, séculaire et farouche.

Lorsque Rome aura vaincu Carthage et détruit la

plus grande puissance maritime de l'antiquité, sans avoir eu le soin de la remplacer, la piraterie changera de caractère. Elle cessera d'être le produit et la manifestation violente d'une rivalité maritime ; elle ne sera plus une course considérée comme légitime et pratiquée par des États qui ne sont liés par aucun pacte d'alliance ni d'amitié : elle deviendra un véritable brigandage. Dans cette période la piraterie n'a pas de nation. C'est comme une revanche de tous les vaincus insoumis contre le vainqueur, revanche exercée avec succès et profits sur une mer sans police devenue leur domaine, et sur laquelle ils règnent en maîtres.

Les richesses des pirates étaient incalculables et leur puissance était si grande à cette époque, qu'ils étaient parvenus à organiser une espèce de république de bandits, avec son territoire, ses villes, ses forteresses et ses arsenaux.

Pendant un certain temps, à Rome, la piraterie préoccupait le peuple plus vivement même que les guerres civiles et étrangères. En effet, chaque famille était victime de ce fléau, et les plus grands citoyens tombaient honteusement entre les mains des pirates. Ces exploits avaient leur retentissement jusque sur le théâtre et dans les écoles de déclamation. Le monde ancien était dans un tel affaissement moral, la république romaine était si ruinée que la piraterie et les exactions des gouverneurs se pratiquaient en même temps et de concert dans tout le bassin de la Méditerranée. Cependant lorsqu'un blocus étroit se fit autour de l'Italie, force fut au gouvernement de prendre enfin d'énergiques mesures pour rompre la coalition des bandits contre Rome affamée. Pompée et ses lieutenants triomphèrent de la piraterie, et leur habile politique fit plus que leurs victoires mêmes pour réprimer pendant quelques années ce fléau redoutable.

La piraterie reparaîtra dans les désordres qui suivront l'assassinat de César. Le fils de Pompée la réorganisera et la fera servir à ses desseins, comme jadis Mithridate. A aucune autre époque elle ne fut constituée en force militaire plus puissante. Auguste, aidé par le célèbre Agrippa, parviendra, après une lutte acharnée et pleine de périls, à la dompter complètement.

Sous l'Empire, la bonne administration des provinces, la prospérité des peuples, les bienfaits et la munificence des empereurs, empêcheront le retour des brigandages qui avaient infesté la Méditerranée pendant tous les temps anciens. C'est à peine, en effet, si l'histoire mentionne, sur les confins de l'Empire, quelques actes isolés de piraterie, promptement étouffés du reste, et nullement inquiétants pour la sûreté et la liberté de la navigation.

Au moment des invasions, la piraterie renaîtra avec le caractère qu'elle avait eu dans les temps primitifs. Les Barbares procèderont comme les Phéniciens, les Grecs et les Carthaginois à leur arrivée en Europe. Profitant des troubles résultant de l'anarchie qui ébranlait alors la puissance romaine dans toute l'étendue de son immense empire, ils commettront de grands ravages. Mais, quand le pouvoir retournera en de fortes mains, les Barbares n'oseront plus s'aventurer sur la mer. Constantin le Grand, en transportant le siège de l'Empire à l'entrée même de la mer menacée par les envahisseurs, leur barrera le passage, et ses successeurs sauront les contenir pendant des siècles par la force de leurs flottes et de leurs armées et par celle de leur politique et de leurs lois.

Au christianisme, enfin, il sera donné de transformer, de civiliser par sa divine morale, par l'enseignement du respect des biens et de la liberté d'autrui, ces Barbares accoutumés jusqu'alors à ne vivre que de pillage, de violence et de brigandage.

Je termine au règne de Constantin l'histoire de la piraterie dans les pays méditerranéens, estimant que si elle devait être continuée au delà, elle n'offrirait un réel intérêt qu'à partir de l'époque où les Sarrasins et les Musulmans, de race nouvelle, fanatiques et implacables envers les chrétiens, firent apparition en Europe, semant sur leur passage la terreur et la ruine. Et cette histoire se terminerait au jour où le glorieux drapeau de la France fut victorieusement planté sur les murailles d'Alger, le repaire suprême de la piraterie sur les bords de la Méditerranée.

LA PIRATERIE

DANS L'ANTIQUITÉ

CHAPITRE PREMIER

I

CONSIDÉRATIONS GÉNÉRALES SUR LA PIRATERIE DANS L'ANTIQUITÉ. — CIVILISATION PRIMITIVE. — ORIGINE DE LA NAVIGATION.

La piraterie remonte aux temps les plus reculés. Elle apparaît dès les premiers âges de la société humaine, et, pour rechercher les véritables causes de son existence dans l'antiquité, il est nécessaire de connaître l'état primitif de cette société, de rappeler quels furent ses besoins, son industrie, et de suivre l'évolution lente mais progressive de la civilisation.

L'origine de la piraterie, c'est l'origine même de

la navigation. Dans les temps anciens, pirates et navigateurs étaient deux mots synonymes. Je démontrerai que la piraterie se lie étroitement aux grands événements de la vie des peuples primitifs, à leurs migrations, à leurs conquêtes, à leurs luttes et aussi à la naissance du commerce et du droit maritimes dans les pays méditerranéens.

Ce serait une erreur de croire que la piraterie éclata tout d'un coup, au mépris de lois établissant une sorte de police internationale sur la mer ; elle eut, au début, un caractère particulier que je m'attacherai à faire ressortir : elle ne fut alors ni méprisable, ni criminelle, et des siècles s'écoulèrent avant que les pirates fussent appelés *latrunculi vel prædones*, brigands ou écumeurs de mer, par les jurisconsultes. Nous voyons dans Homère que l'on demandait ingénument aux voyageurs inconnus, abordant sur quelque côte, s'ils étaient marchands ou pirates. Thucydide, le grave historien, nous fournira d'abondantes preuves que les Grecs se livraient à la piraterie aussi bien que les barbares. C'était une profession avouée.

Qu'était-ce donc que la piraterie dans les temps qu'on est convenu d'appeler préhistoriques, et à quelles causes faut-il en attribuer l'origine ? Pour répondre à ces questions, il est bon de remonter jusqu'à l'état primitif de la société humaine. « L'homme » était né nu et sans protection ; il était moins ca-

« pable que la plupart des animaux de se nourrir
» des fruits et des herbes que la nature fait sortir de
» son sein ; mais l'homme avait reçu de Dieu l'intel-
» ligence, et c'est elle, dit Wallace [1], qui l'a pourvu
» d'un vêtement contre les intempéries des saisons,
» qui lui a donné des armes pour prendre ou domp-
» ter les animaux, qui lui a appris à gouverner la
» nature, à la diriger à ses fins, à lui faire pro-
» duire des aliments quand et où il l'entend. »
L'homme a été créé pour vivre en société ; il lui est
nécessaire de se réunir à des individus semblables à
lui ; il a besoin de protection ; nulle part on ne le trouve
isolé. « Ses instincts, ses besoins de toutes sortes ne
sauraient être satisfaits s'il n'échangeait pas avec
d'autres hommes des services, comme il échange
ses idées avec eux par la parole [2]. » Partout l'homme
s'est donc trouvé à l'état de famille, et la famille devint la base de petites tribus et de petites peuplades.
Plus on remonte dans l'antiquité, plus on trouve des
groupes, des sociétés particulières et distinctes, vivant selon leurs usages propres. Il est impossible
d'y rencontrer cette unité imposante enseignée par
Bossuet. Aujourd'hui, les découvertes archéologiques,
la philologie comparée, la connaissance des langues
orientales nous ouvrent une voie immense pour arri-

1. *Revue anthropologique*, 1864.
2. Maury, *La Terre et l'Homme*.

ver au vrai ; *le Discours sur l'histoire universelle* est resté une œuvre d'art magnifique et d'une grande conception, mais il a perdu sa valeur historique. Ces mêmes sciences ont renversé également la thèse de J.-J. Rousseau soutenant que l'homme, dès le principe, était né libre et parfait. L'état actuel des peuplades sauvages, si bien décrit par les grands voyageurs de tous les pays et si bien commenté par tant de savants illustres, est un tableau fidèle de la condition de l'humanité à son origine. « C'est un fait
» constant qui est non seulement vrai, mais d'une
» vérité banale, dit Tylor [1], que la tendance domi-
» nante de la société humaine, durant la longue pé-
» riode de son existence, a été de passer d'un état
» sauvage à un état civilisé. »

La plus grande préoccupation des tribus primitives fut de se procurer les premiers besoins de la vie. Les productions alimentaires du sol durent être épuisées rapidement chez des peuplades qui ne connaissaient pas encore l'agriculture. Aussi vécurent-elles bientôt de la chasse, qui amena un redoutable fléau après elle, la guerre. Les plus forts poussèrent au loin les plus faibles. L'épuisement du sol, la destruction des animaux, la guerre enfin déterminèrent des émigrations qui se répandirent dans tous les sens, les unes s'arrêtant non loin des pays qu'elles avaient quittés

---

[1] *Civilisation primitive.*

ou dont elles étaient chassées, et les autres franchissant l'espace et marchant résolument à la découverte, poussées par cet instinct puissant de l'homme qui le porte en avant et lui fait espérer de toucher à une terre promise au delà de lointains horizons. C'est ainsi que des tribus arrivèrent jusqu'à la mer. Devant cette barrière qui dut leur paraître infranchissable, elles s'arrêtèrent. Je m'imagine grande et profonde l'impression que ressentit l'homme à la vue de cet espace sans limite, l'infini pour lui, et quelle dut être sa terreur lorsque, pour la première fois, la tempête souleva les flots et fit retentir sa grande voix ! La mer devint une divinité. L'énergie et le courage de ces peuplades furent largement récompensés. La mer était une nourricière inépuisable, des myriades de poissons foisonnaient sur les côtes. L'homme mit à profit les connaissances de la pêche qu'il avait pratiquée déjà sur les rives des fleuves, et il ne tarda pas à se procurer une alimentation délicate et abondante. Aussi j'incline à penser que c'est sur le littoral que la civilisation fit le plus de progrès. La vue de la mer excite l'intelligence précisément parce que c'est là que la nature paraît surtout grande et l'obstacle difficile à surmonter. En ce qui concerne le bassin de la Méditerranée, il est impossible de ne pas sentir combien cette mer dut tenter les premiers hommes établis sur les côtes de l'Asie ou de l'Afrique. Des pentes du Liban, ce sont les roches éclatantes de Chypre qui resplendissent aux yeux; des côtes de l'Asie Mineure, c'est Rhodes, Cos, Samos, Chios, Lesbos, Lemnos, et autres îles de la mer Égée, scintillant comme des diamants sur un fond d'azur.

La navigation remonte à la plus haute antiquité. Les plus anciens auteurs ne donnent à ce sujet, au lieu de faits précis, que des fables et des légendes. « Des ouragans, dit Sanchoniaton (qui vivait en Phé-
» nicie 1200 ou 2000 ans avant Jésus-Christ), fon-
» dant tout à coup sur la forêt de Tyr, plusieurs
» arbres frappés de la foudre prirent feu, et la flamme
» dévora bientôt ces grands bois; dans ce trouble,
» Osoüs prit un tronc d'arbre, débris de l'incendie,
» puis l'ayant ébranché, s'y cramponna, et osa le
» premier s'aventurer sur la mer. » Sanchoniaton raconte encore comment se perfectionna cet instrument élémentaire de navigation en s'élevant peu à peu au rang de radeau, lequel aurait eu pour inventeur Chrysor, divinisé sous le nom de Vulcain. L'arche de Noé, construite non pour voguer, mais seulement pour flotter, peut être considérée comme le plus ancien navire connu. Presque tous les peuples faisant mention d'un déluge, et citant parmi leurs personnages mythologiques les héros qui ont échappé à la catastrophe en montant sur des vaisseaux, on peut en conclure que la navigation existait avant l'époque où ces grands phénomènes se sont produits.

La légende d'Osoüs se rapproche beaucoup de la vérité, car il est probable que l'idée première fut partout la même : un riverain de la mer imagina, pour se soutenir sur l'eau, de monter sur le tronc d'arbre qu'il voyait flotter ; puis, comme le décrit très bien M. du Sein [1], entraînant vers le rivage son précieux appui, il remarqua sans doute qu'il parvenait à le mouvoir avec plus de facilité dans le sens de la longueur, et, pour le pousser dans le sens de cette direction, il sentit la nécessité de se faire un point d'appui dans l'eau, au moyen d'une planche posée dans le sens de la largeur. Après avoir creusé son tronc d'arbre et s'être assis au fond pour se soustraire au contact de la mer, il dut poser la planche sur le bord du canot ainsi formé et l'allonger pour qu'elle pût atteindre l'eau, et c'est ainsi que fut inventée la rame.

Ce ne sont pas là de pures conjectures. La plupart des peuples sauvages se sont arrêtés à ce point. De plus, les fouilles opérées dans les stations lacustres de Suisse et d'Italie ont amené la découverte d'anciennes pirogues, remontant à l'époque préhistorique. Ces anciens canots étaient formés d'un seul tronc de chêne, creusé en forme d'auge, avec des instruments en pierre aidés par l'action du feu [2]. Les

---

1. *Histoire de la marine de tous les peuples.*
2. De Mortillet, *Origine de la navigation.*

dimensions d'une de ces pirogues étaient de 2 mètres de longueur sur 0ᵐ 45 de largeur.

La navigation existait dès l'âge de pierre. M. Foresi[1], de l'île de Sardaigne, a découvert toute une série d'objets en pierre, pointes de flèches, racloirs, hachettes en silex ou en une variété de quartz qui n'existent pas à l'état naturel dans l'île, et qui ont été taillés sur place, comme le prouvent des amas de débris. Il a trouvé aussi dans la petite île de Pianosa, entre la côte d'Italie et la Corse, deux beaux nucléus en obsidienne desquels on a détaché de nombreux couteaux ; or, l'obsidienne n'existe pas dans l'île et ne se trouve que dans les terrains volcaniques du sud de l'Italie. De même à Santorin, M. Fouqué[2] a découvert des instruments en pierre et des poteries remontant à la plus haute antiquité. Il faut donc, qu'à cette époque, la navigation ait été assez avancée pour permettre des relations entre le continent et les îles.

« Plus la nécessité a été grande de traverser les
» eaux, plus l'homme, dit Maury[3], s'est ingénié à
» perfectionner son esquif : il imagina de copier jus-
» qu'à un certain point le cygne, dont les pattes sont
» de véritables avirons, et les ailes des voiles à demi
» ouvertes au vent. » Mais chaque peuple naviga-

1. *Dell'età della pietra all' isola d'Elba.*
2. *Mission de Santorin.*
3. *La Terre et l'Homme.*

teur s'est fait une tradition locale, poétique et légendaire. Les poètes et les historiens ont consigné dans leurs œuvres un grand nombre de ces traditions. D'après Ethicus Hister, la Lydie vit naître les premiers inventeurs des vaisseaux ; Tibulle et Pomponius Méla attribuent cette invention à Tyr, et Dionysius Punicus aux Égyptiens ; Hésiode veut que les premiers bâtiments aient été construits dans l'île d'Égine, Thucydide les fait corinthiens ; Hérodote dit que les Phéniciens se livrèrent les premiers à la grande navigation ; Eschyle fait remonter l'invention des vaisseaux à Prométhée. Pline l'Ancien rapporte que les radeaux furent inventés par le roi Érythras pour aller d'île en île sur la mer Rouge ; le premier vaisseau long fut employé par Jason ; Damasthès construisit les galères ; Typhis, pilote du navire *Argo,* le gouvernail; Anacharsis les harpons ; les Copes, les rames ; les Athéniens, les mains de fer ; les Tyrrhéniens, les éperons. Quant à la voile, les Grecs en font honneur à Dédale, Pline à Icare, et Diodore à Éole.

II

ÉTAT SOCIAL PRIMITIF. — LES ENLÈVEMENTS ET LE MARIAGE.

A l'origine, comme je l'ai fait remarquer, l'humanité se présente sous des éparpillements nombreux, appelés tribus, n'offrant pas du tout un état de civilisation produite par de grandes agglomérations. Les plus civilisées parmi les nations les plus anciennes furent celles de la Chine, de l'Égypte et de l'Assyrie qui ont été peuplées rapidement, et qui ont exercé une grande influence sur les autres petits États. De ces grands foyers partirent des courants civilisateurs. La Grèce est de civilisation relativement récente, car, au moment où commence l'histoire des peuples helléniques, l'Assyrie et l'Égypte étaient déjà à leur déclin.

Les tribus maritimes, à l'instar de celles du continent, se disputaient les produits de leurs travaux et de leurs entreprises ; de là, l'origine et la coexistence du brigandage, de la piraterie et enfin de la guerre. Des luttes incessantes amenèrent l'organisation des Confédérations. Les tribus se cherchèrent des auxiliaires parmi les peuplades ayant un même intérêt et, quelquefois même, une commune origine. Ces coalitions se sont produites dans la plus haute antiquité ; on les trouve encore aujourd'hui chez les tribus sauvages de l'Amérique et de l'Australie qui sont dans l'enfance de la civilisation. Ces tribus se composaient de groupes de familles ayant à leur tête un chef, à la fois justicier et prêtre. Les liens de la religion les unissaient dans un culte commun. Le droit fédératif a pris naissance à cette époque. Les tribus vivaient et priaient en confédération jusqu'au moment où elles finissaient par se fondre en un seul peuple par l'effet du mouvement social. Parmi ces tribus confédérées, il y en avait toujours une en possession d'une certaine suprématie sur les autres, c'était à elle qu'appartenait la direction des affaires d'intérêt commun, « *l'hégémonie* », selon l'expression grecque. L'esprit d'exclusivisme était très répandu chez ces petits peuples. Chacun jugeait son voisin d'une manière étroite ; en dehors de l'hégémonie, il n'y avait que le barbare. Le sentiment de la patrie y était poussé à l'excès : où fut-il plus grand qu'à Rome? Le cosmopolitisme était absolument inconnu dans l'antiquité, où nulle différence n'était faite entre l'étranger et l'ennemi. La tribu se concentrait en elle-même et restait fermée hermétiquement à ceux qui n'étaient pas nés dans son sein. Elle ne leur reconnaissait aucun droit; elle pillait et tuait l'étranger ; la morale avait ses limites à la tribu, en dehors l'homme était une proie. Il en est ainsi chez presque tous les sauvages. Le droit des gens international existait, mais bien imparfait, entre les tribus confédérées seules ; les droits de l'homme, comme être humain, étaient inconnus, ils ne datent que des temps modernes. Il n'est donc pas étonnant de trouver dans un état social pareil des brigands, des corsaires et des marchands d'hommes.

Si nous ouvrons Hérodote, nous voyons que ce père de l'histoire commence son premier livre et son premier chapitre par le récit d'enlèvements, ou pour nous exprimer plus exactement, par le récit d'exploits de piraterie commis contre des femmes par les Phéniciens. Ce peuple s'était adonné de bonne heure à la navigation. Les vaisseaux phéniciens, chargés de marchandises de l'Assyrie et de l'Égypte, abordaient sur les divers points de la Grèce, et de préférence à Argos qui tenait, à cette époque, le premier rang entre toutes les villes de la contrée hellénique. Un jour que les Phéniciens avaient étalé leur riche cargaison, ils virent arriver sur le rivage un nombre de femmes parmi lesquelles se trouvait Io, fille du roi Inachus. Ces femmes s'approchèrent des navires pour faire leurs emplettes, et alors, les Phéniciens, s'étant donné le mot, se jetèrent sur elles. Quelques-unes s'échappèrent, mais Io et les autres furent enlevées. Les Phéniciens montèrent aussitôt sur leurs vaisseaux et mirent à la voile pour l'Égypte.

Après cela, des Grecs, ayant abordé à Tyr, en Phénicie, enlevèrent Europe, fille du roi. Ainsi, dit l'historien grec, l'outrage avait été payé par l'outrage. Les Grecs se rendirent coupables d'une seconde offense : ils enlevèrent Médée pendant le voyage de Jason en Colchide. Le roi Aétès envoya un héraut en Grèce pour demander justice de ce rapt et réclamer sa fille. Les Grecs répondirent qu'ils n'avaient reçu aucune satisfaction pour le rapt de l'argienne Io, et que de même ils n'en accorderaient aucune. Deux générations après, Pâris, fils de Priam, ayant ouï ces aventures, résolut d'enlever une femme grecque, bien convaincu qu'il n'aurait à faire aucune réparation, puisque les Grecs n'avaient rien accordé. Mais, lorsqu'il eut enlevé Hélène, les Grecs prirent parti d'envoyer d'abord des messagers pour la réclamer. Les Troyens alléguèrent l'enlèvement de Médée et répliquèrent par la réponse des Grecs à Aétès. Les Grecs portèrent alors la guerre en Asie.

Tel est le récit d'Hérodote. Ce fut donc, en réalité, la piraterie qui fut cause de la guerre de Troie[1].

Le même historien nous apprend que les Pélasges tyrrhéniens, chassés de l'Attique par les Athéniens,

---

1. Hérodote I, 1, 2, 3, 4.

s'établirent dans les îles de Lemnos, Imbros et Scyros, et cherchèrent bientôt à se venger. Connaissant très bien les jours des fêtes des Athéniens, ils équipèrent des vaisseaux à cinquante rames, se mirent en embuscade et enlevèrent un grand nombre d'Athéniennes qui célébraient la fête de Diane, dans le bourg de Brauron. Ils les menèrent à Lemnos où ils les prirent pour concubines. Ces femmes eurent de nombreux enfants, elles leur enseignèrent la langue et les usages d'Athènes, ne les laissant pas se mêler aux enfants des femmes pélasgiennes. Si l'un de ceux-ci venait frapper un des enfants des femmes athéniennes, tous les autres accouraient pour le défendre et le venger. Le courage et l'union de ces enfants firent réfléchir les Pélasges ; ils massacrèrent les enfants et leurs mères. Cet acte atroce rendit proverbiale la cruauté des Lemniens[1].

On est frappé en lisant les auteurs anciens du nombre considérable d'enlèvements que contiennent leurs écrits, et encore n'ont-ils cité que les plus célèbres. C'est que, en effet, dans la société primitive, la force préside à tout. La femme étant la plus faible tombe aux mains de l'homme et devient sa propriété. Les traces de cette violence de l'homme à l'égard de la femme existent de nos jours chez les Tcherkesses du Caucase ; le futur doit enlever par la

---

1. Hérodote, vi, 138.

force sa fiancée, et celle-ci et ses parents ne se bornent pas toujours à n'opposer qu'une molle résistance. Le prix que paie l'époux à la famille de sa femme, après le rapt, est considéré comme une indemnité. Chez les diverses tribus des bords de l'Amazone, placées à l'un des derniers degrés de la civilisation, l'homme prend de force sa future épouse, et s'il ne le fait pas réellement, il feint d'en agir ainsi. En Australie, de véritables combats ont lieu à cette occasion, entre les tribus[1]. La légende de l'enlèvement des Sabines, si célèbre dans l'histoire de Rome, est un souvenir de ces rapts de femmes de tribus différentes.

Telles sont les considérations générales que je crois devoir présenter avant d'entrer dans l'histoire de la piraterie. J'ai jugé nécessaire de remonter aux premiers âges de l'humanité et de rechercher dans la civilisation à son berceau les causes et les origines de la piraterie pour en saisir le véritable caractère. J'établirai dans le cours de cet ouvrage, à l'aide de documents rigoureusement exacts, que la piraterie n'apparut pas comme une violation de la loi, ni comme un crime, mais bien comme une condition déplorable sans doute, mais inhérente à la nature même et à la constitution de la société primitive.

---

1. Maury, *La Terre et l'Homme*.

CHAPITRE II

I

LA LÉGENDE DE BACCHUS.

L'exploit de piraterie peut-être le plus ancien est celui qui est consigné dans la légende de Dionysos (Bacchus). L'enfance, l'éducation et l'existence habituelle de Dionysos forment le sujet d'un cycle immense de légendes, de descriptions poétiques et de représentations figurées. Dans toutes ces œuvres, Dionysos figure comme un grand conquérant, comme un voyageur infatigable, promenant ses orgies et son cortège par toute la Grèce et l'Asie-Mineure. L'intervention de ce dieu dans la guerre des Géants est plusieurs fois représentée sur les vases peints; dans cette lutte, il a pour auxiliaires des animaux qui sont ses symboles, la panthère, le lion et le serpent[1]. Les légendes béotiennes[2] racontaient que Bacchus avait vaincu Triton qui enlevait des troupeaux

---

1. Gerhard, *Auserl-Vas*.
2. Pausanias, ix, 20, 4; — Athénée vii, p. 296.

sur les côtes, et ce Triton ne devait être qu'un pirate puissant.

A Naxos, Bacchus triomphait du dieu marin Glaucus qui lui disputait l'amour d'Ariadne. Dans cette même île, son culte supplanta celui de Poséidon (Neptune), ce qui permet de supposer que Bacchus fit sentir sa puissance belliqueuse sur mer aussi bien que sur terre.

Le plus éclatant de ses triomphes eut la mer pour théâtre. Il le remporta sur les pirates tyrrhéniens. C'est le thème de l'hymne septième de la collection homérique. Le dieu, prêt à quitter l'île d'Icaria pour se rendre à Naxos, se montre sur la côte sous les traits d'un beau jeune homme appesanti de sommeil et de vin. Des pirates tyrrhéniens, cherchant une proie, s'emparent de lui et l'emmènent captif sur leurs vaisseaux. Mais ses liens se détachent d'eux-mêmes, toutes les parties du navire sont subitement enveloppées de pampre et de lierre ; enfin, Dionysos prend la forme d'un lion, et les pirates épouvantés se précipitent dans la mer où ils sont changés en dauphins. Dans les versions postérieures, le récit va toujours en se surchargeant de nouveaux prodiges. Ovide[1] a fait de cette légende le sujet du troisième livre de ses *Métamorphoses*. C'est également le motif de la belle frise du monument choragique

---

1. Ovide, 582-700. — Apollod. III, 5, 3. — Lucien VIII° *dial.*

de Lysicrate à Athènes, dans laquelle il est facile de reconnaître, malgré les mutilations qui existent, un des traits de l'histoire de Dionysos, qui trouvait naturellement sa place sur le monument d'une victoire remportée aux fêtes de ce dieu. Les figures, au nombre de trente, représentent les pirates tyrrhéniens. Dionysos est assis au centre de la composition, ayant un lion près de lui et entouré de satyres; d'autres chargent de chaînes les pirates, les torturent avec des torches ou les assomment à coups de thyrses. Quelques-uns de ces pirates se jettent à la mer et opèrent leur transformation en dauphins [1].

Sur une plaque d'or, Bacchus, qui va combattre les Tyrrhéniens, est représenté presque enfant, tenant lui-même les torches et s'avançant sur les flots de la mer [2].

Un vase peint à figures noires est conforme aux données de l'hymne homérique : le dieu est seul dans le vaisseau dont le mât est enveloppé d'une vigne, autour nagent les Tyrrhéniens changés en dauphins [3]. La même fable était le sujet d'un des tableaux décrits

---

1. Cette frise est gravée dans les *Monuments de la Grèce*, de Legrand et dans les *Antiquités d'Athènes*, de Stuart et Revett, et aussi dans le *Dictionnaire des antiquités grecques et romaines*, de Daremberg et Saglio, p. 611.

2. *Gaz. arch.*, 1875. pl. II. — *Dict. des antiq. grecq. et rom.*, p. 611.

3. Gerhard, *Auserl-Vas.*

par Philostrate[1]. Enfin, sur certaines pierres gravées[2], on voit un pirate demi transformé en dauphin et un dauphin avec un thyrse. Les poètes qualifient quelquefois le dauphin de *tyrrhenus piscis* [3].

Cette légende de Bacchus et des Tyrrhéniens, si répandue dans l'antiquité, prouve combien la piraterie remonte à une époque reculée puisqu'elle nous ramène aux temps mythologiques. Il nous semble probable que la légende de Jupiter enlevant Europe, celle d'Orphée et d'Eurydice, celles du poète Arion, de Dédale et cent autres, immortalisées par les poètes, se rapportent à des actes de piraterie. Dans une époque où la navigation était à son enfance, il n'est pas étonnant de voir que les peuples se sont plu à se figurer l'intervention des dieux.

1. *Icon.* I, 19.
2. Tœlken, *Verzeichniss*, III, 2, n° 1082 ; — *Gaz. arch.*, 1875, p. 13.
3. Senec., *Agam.* 449. — Stat, *Achill.* I, 56. — Valér. Flacc. *Argon.*, I, 131.

II

LES ARGONAUTES.

L'expédition des Argonautes est à moitié vraie et à moitié fabuleuse. Elle eut peut-être un plus grand retentissement que le siège et la prise de Troie, quoiqu'elle fût antérieure à ces grands événements. Homère [1] dit en parlant du navire que montait Jason : « *Argo* présent au souvenir de tous. » Un grand nombre de poëtes anciens dont les œuvres ne nous sont pas parvenues ont pris la tradition argonautique pour sujet de leurs chants [2]. Elle peut, sous sa forme la plus complète se diviser en cinq parties : 1° l'histoire de la toison d'or ; 2° l'occasion et le préparatif du départ des Argonautes ; 3° les aventures de leur voyage ; 4° leur séjour en Colchide ; 5° le retour. Le développement de chacune de ces parties ne peut rentrer dans le cadre de cet ouvrage, mais cette grande ex-

---

1. *Odyssée* XII, 68.
2. Ukert, *über Argonautenfahrt, Geogr. der Griech. und Roem* ; — Ch. Lévesque, *Études sur l'hist. anc. de la Grèce* ; — Vivien de Saint-Martin, *Histoire de la Géographie* ; — *Dict. des Antiquités grecques et romaines*, Argonautæ.

pédition mérite qu'on s'y arrête quelques instants à cause de l'intérêt qu'elle présente au point de vue de l'histoire de la piraterie.

Et d'abord, au risque de se montrer irrévérencieux envers des héros exaltés par Orphée, Pindare, Hérodote, Apollonius de Rhodes et Valérius Flaccus, il faut reconnaître que Jason et ses compagnons ont été de véritables pirates. En effet, si l'on élague tous les merveilleux incidents, toutes les poétiques fictions dont l'imagination hellénique l'a parée, que reste-t-il de cette légende? Un fond traditionnel bien connu. Les Sidoniens, hardis navigateurs, avaient dû pousser de très bonne heure leurs explorations à travers les détroits qui conduisent à la Propontide et au Pont-Euxin[1], et, par eux sans doute, quelque vague notion des pays aurifères qui avoisinent le Phase était arrivée jusqu'aux Grecs de l'Égée. La légende dit que Jason partit d'Iolcos, sur l'ordre du roi Pélias, pour s'emparer de la toison d'or ; elle lui donne pour compagnons Hercule, Castor et Pollux, Orphée, etc., tandis qu'en réalité, Jason s'embarqua avec quelques Minyens pour s'enrichir des mines d'or de la Colchide et acheter ou s'emparer des laines du pays, ou des toisons, dont on se servait pour amasser l'or que les rivières charriaient avec le sable. Les incidents du voyage sont bien ceux de hardis aventu-

---

1. Movers, *Die Phonizier.*

riers. A Lemnos, les femmes avaient massacré tous
les hommes à l'exception du roi Thoas ; les génies de
la fécondité avaient fui l'île maudite ; les Argonautes
les y ramenèrent. Dans l'Hellespont, ils rencontrent
d'autres pirates et leur livrent un grand combat.
Dans l'île de Cyzique, ils tuent, à la suite d'une mé-
prise funeste, il est vrai, le roi Cyzicos qui leur avait
donné l'hospitalité. En Mysie, les héros s'égayent
dans un banquet ; un des leurs, Hylas, est enlevé par
les nymphes de la fontaine, épisode qui a donné lieu
à la charmante idylle de Théocrite. Ils se divertis-
sent à la chasse ; Idmon périt en poursuivant un san-
glier. Arrivés en Colchide, ils enlèvent la toison
d'or et la célèbre Médée qui, pour retarder la poursuite de son père Aétès, sème sur la route les membres de son propre frère, Absyrtos. Ce sont bien là
des exploits de pirates. Je n'insisterai pas sur le retour des Argonautes qui a si fort intrigué les géogra-
phes ; à mesure que la connaissance du monde s'a-
grandissait, il était imaginé un nouvel itinéraire
suivi par ces antiques navigateurs. C'est ainsi que le
poème orphique fait passer les Argonautes du Phase
dans le fleuve Océan ou mer Cronienne, au delà des
pays Hyperboréens, revenir par les colonnes d'Hercule, source de l'Océan, et aborder enfin à Iolcos,
après avoir côtoyé la contrée des Ténèbres (Espagne),
doublé au nord les îles Sacrées (Sardaigne et Corse),
traversé Charybde et Scylla, et remonté la côte orien-

tale de la Grèce. La légende accréditée par Hésiode et Pindare fait naviguer les Argonautes du Phase dans l'Océan, et de là, à travers la Libye, dans le lac Tritonis et le Nil. C'est la route du sud. Mais quand on se fut assuré que le Phase ne débouchait point dans l'Océan, Apollonius de Rhodes inventa un troisième itinéraire ; le navire *Argo* revint par l'Ister et l'Éridan, qui étaient censés communiquer dans l'Adriatique. Enfin, une dernière opinion n'emprunte rien à l'imagination et ramène prosaïquement les aventuriers par la même route qu'ils avaient suivie pour se rendre en Colchide, c'est-à-dire par le Bosphore et la Propontide.

Outre les œuvres des écrivains cités, les monuments nous offrent des représentations qui ressemblent fort à des scènes de pirateries dont les Argonautes sont les acteurs. Un ouvrage célèbre, le ciste de Ficoroni, nous montre Pollux attachant le géant Amycos à un tronc d'arbre pendant que ses compagnons se livrent à de copieuses libations. Le combat des Argonautes contre Talos forme le sujet d'une des peintures de vase les plus remarquables que l'antiquité nous ait léguées [1].

1. *Arch. Zeit.*, 1846, p. XLIV; 1848, p. XXIV ; — Denkm-und Forsch., 1860, pl. CXXXIX, CXL.

III

LES HÉROS D'HOMÈRE.

Le sage, le prudent Ulysse lui-même dépeint dans un de ses récits le type parfait d'un de ces chefs de pirates qui remplissaient de leurs exploits les parages de la mer Égée. Ouvrons Homère[1] : le héros est chez Eumée ; il ne se fait pas encore reconnaître. Son hôte lui demande : Qui es-tu parmi les hommes? Ulysse lui trace alors un portrait qui n'est pas le sien puisqu'il désire rester inconnu, mais dans lequel il est difficile de ne pas saisir un air de famille.

« Je n'aimais point les travaux paisibles, ni les
» soins intérieurs qui forment une belle famille ; les
» vaisseaux, les rames, les combats, les javelots ai-
» gus et les flèches, sujet de tristesse, qui glacent le
» reste des humains, étaient seuls ma joie ; un dieu
» me les avait mis dans l'esprit. C'est ainsi que
» les mortels sont entraînés par des goûts divers.
» Avant le départ des fils de la Grèce pour Ilion,
» déjà neuf fois j'avais conduit contre les peuples
» étrangers des guerriers et des vaisseaux rapides,

---

1. *Odyssée*, xiv, traduction de Giguet.

» et toutes choses m'étaient échues en abondance.
» Je choisissais une juste part du butin, le sort dis-
» posait du reste et me donnait encore beaucoup ;
» ma maison s'accroissait rapidement, je devenais
» chez les Crétois redoutable et digne de respect...
» En cinq jours nous parvenons au beau fleuve
» Égyptos. J'arrête mes navires dans ses ondes et
» j'ordonne à mes compagnons de ne point s'écarter
» et de garder la flotte ; j'envoie seulement des éclai-
» reurs à la découverte. Mais, emportés par leur au-
» dace, confiants dans leurs forces, ils ravagent les
» champs magnifiques des Égyptiens, entraînent les
» femmes, les tendres enfants et massacrent les
» guerriers, etc... »

Voilà bien de la piraterie, si je ne me trompe. Les Normands n'agissaient pas autrement. Et cependant Ulysse invoque ces actes comme de brillants exploits dignes de l'admiration de son hôte. Cela ne doit pas nous surprendre. A cette époque, la piraterie était une profession avouée. Elle était fort répandue dans l'antiquité ; souvent, dans Homère, on questionne les navigateurs inconnus dans les termes suivants :
» O mes hôtes, qui êtes-vous? d'où venez-vous en
» sillonnant les humides chemins ? Naviguez-vous
» pour quelque négoce, ou à l'aventure tels que les
» pirates, qui errent en exposant leur vie et portent
» le malheur chez les étrangers[1] ? »

1. *Odyssée*, III.

Homère nous apprend encore qu'Achille, avant de partir pour Troie, exerçait la piraterie, pillait la ville de Scyros où il enleva la belle Iphis qu'il donna à son ami Patrocle[1]. Pendant la guerre, Achille et le sage Nestor lui-même « erraient avec leurs vaisseaux sur la mer brumeuse pour y ramasser du butin[2] ».

Dans le XV° chant de l'*Odyssée,* se trouve l'épisode de l'esclave phénicienne, fille d'Arybas de Sidon, enlevée par des pirates taphiens et vendue à Ctésios, père d'Eumée et roi de Syra. Un jour des Phéniciens, « navigateurs habiles mais trompeurs », arrivèrent dans cette île avec un navire chargé d'objets précieux. Ces rusés matelots séduisirent la belle esclave et lui proposèrent de la ramener dans sa patrie. Celle-ci enleva Eumée, alors enfant, afin que les Phéniciens puissent en tirer grand parti en le vendant chez des peuples lointains. Mais une fois en mer, la criminelle esclave est frappée de mort par Diane et les matelots la jettent par-dessus le bord pour servir de pâture aux poissons. Les Phéniciens abordèrent quelque temps après à Ithaque où Laërte acheta Eumée.

On voit par ces nombreuses citations, qui pourraient être encore multipliées, que la piraterie était exercée universellement dans les temps homériques.

---

1. *Odyssée.*
2. *Iliade,* IX, 668. — XIX, 326.

CHAPITRE III

LES CARIENS ET LES PHÉNICIENS.

L'Asie-Mineure s'avance comme un immense promontoire entre le Pont-Euxin et la mer de Chypre. La chaîne du Taurus couvre ses côtes méridionales de hautes montagnes, repaire dans tous les temps de populations insaisissables et toujours prêtes à descendre dans les plaines et sur la mer pour piller les voyageurs et les marchands. Cette région montagneuse, formant de l'ouest à l'est, la Carie, la Lycie, la Pamphylie, la Cilicie, fut colonisée par des peuples paraissant avoir la même origine, le même culte et les mêmes idiomes. Parmi ces peuples, les Cariens ont eu une grande puissance dans les temps reculés. Ils couvrirent la mer Égée de leurs vaisseaux et les îles de leurs colonies, car lorsque Nicias fit, en l'an 426, la purification de Délos, on reconnut que la plupart des morts ensevelis dans cette île et qu'on exhuma, étaient Cariens. Ils exerçaient la piraterie et ne vivaient que de brigandage. Minos, roi de Crète, les chassa de la mer Égée, ainsi que nous le verrons bientôt.

Leurs voisins, les Phéniciens, ne valaient guère mieux en principe. Ils étaient qualifiés par Homère de navigateurs habiles mais trompeurs, et j'ai déjà cité plusieurs de leurs exploits de piraterie.

D'après Hérodote[1], les Phéniciens habitaient jadis les bords de la mer Rouge; de là, ils vinrent en Syrie et s'établirent sur les côtes de la Palestine. L'époque de cette migration remonte à une haute antiquité. Hérodote visita un temple célèbre d'Hercule (Melkarth) à Tyr, qui aurait été bâti en même temps que cette ville, habitée déjà depuis 2300 ans au moment du voyage du grand historien[2]. Sidon était encore plus ancienne que Tyr; elle est mentionnée par Jacob, à son lit de mort[3]. Ces deux villes résumèrent en elles toute la puissance, toute la richesse, toute la grandeur de la nation phénicienne. Établis sur une côte étroite et de peu de ressources, les Phéniciens se tournèrent du côté de la mer. Ils fondèrent de nombreuses colonies et firent de la Méditerranée une mer phénicienne. Les documents de leur histoire sont malheureusement détruits, et presque tout ce que nous savons d'eux est parvenu sous forme de mythe. On contait que Melkarth, l'Hercule tyrien, avait ras-

1. Hérodote I, 1; — VII, 89.
2. Id., II, 44. — An 460 av. J. C.
3. *Genèse*, XLIX, 13.

semblé une armée et une flotte nombreuse dans le dessein de conquérir l'Ibérie, où régnait Khrysaor, fils de Géryon. Il aurait soumis, chemin faisant, l'Afrique où il introduisit l'agriculture et fonda la ville fabuleuse d'Hécatompyles, franchi le détroit auquel il donna son nom, bâti Gadès et vaincu l'Espagne. Après avoir enlevé les bœufs mythiques de Géryon, il serait revenu en Asie par la Gaule, l'Italie, la Sardaigne et la Sicile. A cette tradition d'ensemble qui résume assez bien les principaux traits de la colonisation phénicienne, venaient se joindre mille légendes locales. C'était Kynras à Chypre et à Mélos; Europe enlevée par Zeus; Cadmos, envoyé à la recherche de sa sœur, visitant Chypre, Rhodes les Cyclades, bâtissant la Thèbes de Béotie, et allant mourir en Illyrie. Partout où les Phéniciens étaient passés, la grandeur et l'audace de leurs entreprises avaient laissé dans l'imagination des peuples des traces ineffaçables. Leur nom, leurs dieux, le souvenir de leur domination ont formé des légendes et des fables à l'aide desquelles on parvient à reconstruire en partie l'histoire perdue de leurs découvertes[1]. Les Phéniciens furent d'intrépides navigateurs. On connaît la célèbre tradition recueillie en Égypte par Hérodote sur le voyage des Phéniciens qui s'embarquèrent, par l'ordre du roi égyptien

---

1. Maspéro, *Hist. anc. des peuples de l'Orient*, vi.

Néko, de la vingt-sixième dynastie, sur le golfe Arabique, longèrent l'Afrique jusqu'au sud, la remontèrent et revinrent, au bout de trois ans, par les colonnes d'Hercule, débarquer en Égypte[1].

La grandeur de la nation phénicienne était toute commerciale. De pêcheurs qu'ils étaient d'abord, les Phéniciens furent conduits par une pente naturelle au trafic maritime. L'homme pourvu de ce qui est nécessaire à son existence, éprouve le besoin d'échanger les produits qu'il a en excès contre ceux qui lui font défaut. C'est ainsi que le commerce a pris naissance. Aucun autre peuple n'imprima un essor plus rapide au commerce et à la navigation. Un coquillage que la mer jette sur le rivage donna la pourpre à ces habiles négociants. Les artisans phéniciens excellèrent dans le travail des étoffes, du verre et des métaux précieux. Leurs vaisseaux, portant à la proue l'image des *Pataïces*[2], divinités nationales, sillonnaient les mers. Au début, les Phéniciens ne naviguèrent que le jour, et en vue des côtes, mais ils s'enhardirent peu à peu, et osèrent les premiers, selon Strabon, franchir le sein des mers sur la foi des étoiles. Ils connaissaient la Grande-Ourse et l'appelaient *Pharasad* (indication), parce que cette constellation leur indiquait leur route. Quand l'étude

---

1. Hérodote, IV, 42.
2. Hérodote, III, 37.

de l'astronomie se perfectionna chez eux, ils reconnurent que *Pharasad* n'indiquait pas le nord avec assez de précision pour empêcher des erreurs ; alors ils s'attachèrent à observer la constellation de *Cynosure* (la Petite-Ourse, qui occupe un champ moins étendu et varie moins de situation. Thalès de Milet, originaire de Phénicie, porta plus tard cette astronomie nautique aux Grecs qui la transmirent aux Romains.

Quelle grande idée ne doit-on pas se faire des Phéniciens quand on voit qu'ils allaient chercher l'or dans la Colchide, pays classique de ce précieux métal, et, envoyés par Salomon, parcourir la mystérieuse région d'Ophir, qui est selon toute probabilité la ville de Saphar de l'Arabie heureuse, d'où ils rapportèrent de l'or, de l'argent, des dents d'éléphants, des singes, des paons, du bois de sandal et des pierres précieuses[1]. Ils tiraient aussi de l'or des îles de la Grèce et de toute l'Ibérie, mais particulièrement de la Turdétanie. L'argent, plus rare que l'or dans l'antiquité, était recueilli par eux en Colchide, en Bactriane, en Grèce, en Sardaigne et en Espagne (à Tartessus et à Gadès). Le cratère d'argent, « le plus beau de tous ceux qui existent sur la terre », au dire d'Homère[2], gagné par Ulysse pour prix de la

---

1. III Rois.
2. *Iliade*, XXIII, 743.

course, avait été apporté de Sidon sur un vaisseau phénicien. Le commerce de l'ambre jaune (*electrum*) que l'on tira d'abord de la Chersonèse cimbrique, et plus tard des rivages de la mer Baltique, doit son premier essor à la hardiesse et à la persévérance des Phéniciens. Parmi les autres matières qu'ils transportaient il faut encore citer l'étain, tiré des îles Cassitérides (îles Britanniques), les aromates, les parfums, la pourpre, l'ivoire, les bois de luxe, les gommes, les pierreries, etc... On voit par ce rapide aperçu, combien la navigation était florissante et étendue chez les Phéniciens. Ils furent les intermédiaires les plus actifs des relations qui s'établirent entre les peuples depuis l'Océan Indien jusqu'aux contrées occidentales et septentrionales de l'ancien continent. Ils contribuèrent, dit avec raison Humboldt, plus que toutes les autres races qui peuplèrent les bords de la Méditerranée, à la circulation des idées, à la richesse et à la variété des vues dont le monde fut l'objet[1].

Ils se servaient des mesures et des poids employés à Babylone, et de plus, ils connaissaient, pour faciliter les transactions, l'usage des monnaies frappées. Mais ce qui contribua le plus à étendre leur influence, ce fut le soin qu'ils prirent de communiquer et de répandre partout l'écriture alphabétique.

---

1. *Cosmos*, II.

Le témoignage de l'antiquité est unanime pour attribuer l'alphabet aux Phéniciens[1]. Cependant ils n'ont pas inventé le principe même des lettres alphabétiques, comme on l'a cru pendant longtemps. Un célèbre passage de Sanchoniaton nomme l'Égyptien Taauth (Thoth-Hermès), comme le premier instituteur des Phéniciens dans l'art de peindre les articulations de la voie humaine. Platon, Diodore, Plutarque, Aulu-Gelle, prouvent la perpétuité de cette tradition. Tacite surtout se montre bien informé sur l'origine de l'alphabet chananéen dans le passage suivant du XI° livre de ses *Annales :* « Les Égyptiens
» surent les premiers représenter la pensée avec des
» figures d'animaux, et les plus anciens monuments
» de l'esprit humain sont gravés sur la pierre. Ils
» s'attribuent aussi l'invention des lettres. C'est de
» l'Égypte que les Phéniciens, maîtres de la mer, les
» portèrent en Grèce et eurent la gloire d'avoir
» trouvé ce qu'ils avaient seulement reçu. »

L'illustre Champollion indiqua l'existence de l'élément alphabétique dans les hiéroglyphes égyptiens[2]. Mais ses idées développées par Salvolini[3], modifiées

---

1. Lucain, *Phars.* III, 220-224 ; Pline, *Hist. nat.* V, 12, 13 ; Clément d'Alexandrie, *Stromat.* I, 16, 75 ; Pomponius Mela, *De sit. orb.* I, 12 ; Diodore de Sicile, I, 69, V, 74 ; Sanchoniaton, ap. Eusèbe, *Præp. evang.* I, 10, p. 22, ed. Orelli ; Platon, *Phaedr.* 59 ; Plutarque, *Quæst. conv.* IX, 3 ; Tacite, *Annal.* XI, 14.

2. *Lettre à Dacier*, p. 20.

3. *Analyse gramm. de l'inscription de Rosette*, p. 86.

par Ch. Lenormant et Van Drival n'avaient reçu aucune consécration scientifique, lorsque M. de Rougé, digne successeur de Champollion, reprit le problème et en donna la solution [1]. Il prouva qu'au temps où les Pasteurs régnaient en Égypte, les Chananéens surent tirer de l'écriture *hiératique* égyptienne, abréviation cursive des signes *hiéroglyphiques*, les éléments de leur alphabet. Sur les vingt-deux lettres dont se compose l'alphabet phénicien, M. de Rougé montra que quinze ou seize sont assez peu altérées pour qu'on reconnaisse leur prototype égyptien du premier coup d'œil, et que les autres peuvent se ramener au type hiératique sans blesser les lois de la vraisemblance. La démonstration savante de M. de Rougé, reproduite en Allemagne par MM. Lauth Brugsch et Ebers, a été considérée comme décisive et les résultats en ont été généralement admis.

L'alphabet phénicien a été l'expression définitive de l'écriture. Du pays de Chanaan il s'est répandu dans tous les sens, et de là sont sorties toutes les écritures à l'exception du zend, d'origine cunéiforme, et de l'écriture coréenne, d'origine chinoise.

Les Phéniciens et les Égyptiens avaient beaucoup de relations commerciales entre eux : un des ports

---

[1]. *Mémoire* lu, en 1859, à l'Académie des Inscriptions et Belles-Lettres, publié en 1874.

de Tyr s'appelait le port égyptien, et, c'est en présence des inconvénients que présentait l'écriture égyptienne avec ses idéographismes et ses homophonismes, que les Phéniciens, peuple pratique et négociant par excellence, furent conduits à chercher un perfectionnement de l'écriture dans sa simplification, en la réduisant à une pure peinture des sons au moyen de signes invariables, un pour chaque articulation. Les relations des Phéniciens avec les Égyptiens remontent à une époque très reculée, car dans les monuments les plus anciens, on voit que l'écriture phénicienne était déjà parfaite. C'est ce que l'on peut remarquer sur deux papyrus antérieurs aux pasteurs hycsos, le papyrus Prisse et le papyrus de Berlin, sur le sarcophage d'un roi de Sidon rapporté par le duc de Luynes, sur des inscriptions de Scyra et de Malte, et enfin sur des scarabées et des bijoux.

L'alphabet fut transporté par les Sidoniens et les Tyriens dans les contrées où ils se livraient au commerce et devint la souche commune d'où se détachèrent tous les alphabets du monde depuis l'Inde et la Mongolie jusqu'à la Gaule et l'Espagne. La tradition la plus accréditée chez les Grecs, qui connaissaient l'origine phénicienne de leur alphabet, attribuait à Cadmus [1], personnage légendaire,

---

1. Hérodote, v, 58.

l'honneur d'avoir le premier répandu l'écriture sur le continent européen ; d'autres légendes nommaient au lieu de Cadmus, Orphée, Linus, Musée et surtout Palamède qui aurait inventé les lettres aspirées doubles Φ, Θ, X. L'alphabet cadméen s'altéra suivant les lieux et forma les variétés connues sous les noms d'alphabet éolo-dorien, attique, ionien et alphabet des îles.

Tel fut le don immense que les Phéniciens apportèrent à la civilisation européenne naissante. Pline [1] a fait un éloge magnifique de ce grand peuple en disant que le genre humain lui était redevable de cinq choses : des lettres, de l'astronomie, de la navigation, de la discipline militaire et de l'architecture. Cette grande conquête de l'intelligence humaine est liée intimement à l'origine du commerce maritime, et comme la navigation était d'abord une véritable piraterie, c'est à l'existence audacieuse des marins phéniciens qu'il faut faire remonter l'origine et le rayonnement de l'invention de l'écriture chez les différentes nations du bassin de la Méditerranée.

En effet, si l'on cherche à se rendre compte de la vie des premiers Phéniciens, de leurs exploits, de leurs conquêtes, on voit qu'ils ne se faisaient pas faute d'exercer la piraterie sur les mers. Lélèges,

---

1. *Histoire naturelle*, v, 13.

Cariens et Phéniciens, à l'instar des Normands du moyen âge, s'en allaient au loin à la recherche d'aventures profitables ; ils rôdaient le long des côtes toujours à l'affût de belles occasions et de bons coups de main. S'ils n'étaient point en force, ils débarquaient paisiblement, étalaient leurs marchandises et se contentaient du gain que pouvait leur valoir l'échange de leurs denrées ou objets précieux. S'ils se croyaient assurés du succès, l'instinct pillard reprenait le dessus ; ils brûlaient les moissons, saccageaient les bourgs et les temples isolés, enlevaient tout ce qui leur tombait entre les mains, principalement les femmes et les enfants, qu'ils vendaient à un prix élevé sur les marchés d'esclaves de l'Asie ou que les parents rachetaient par de fortes rançons [1]. Aristote disait avec raison, des antiques Phéniciens, qu'ils ne connurent d'autre loi que la force, et ceux qui refusaient leurs offres en matière de commerce devenaient les victimes de leur insatiable avarice [2]. Ézéchiel les apostrophait en ces « termes : Vous vous êtes souillés par la multitude » de vos iniquités et par les injustices de votre » commerce ! »

A côté du mal se trouve le bien. Ces expéditions audacieuses où se commettaient bien des violences, bien des crimes, n'en étaient pas moins profitables

---

1. Maspéro, *Histoire ancienne.*
. Aristote, *de mirabil. auscult.*

pour la civilisation. La piraterie à une époque où la loi était encore inconnue, où l'homme était dans la première phase de son existence, aux prises avec les nécessités de la vie, n'avait pas un caractère odieux, c'était un métier comme un autre.

CHAPITRE IV

PREMIÈRE RÉPRESSION DE LA PIRATERIE. — L'ILE DE
CRÈTE. — MINOS. — RHODES.

Si les Phéniciens furent les premiers pirates, ils furent aussi les premiers, avec les progrès de la civilisation, qui prirent des mesures de protection contre la piraterie. Ce n'est pas l'histoire même de ce peuple qui nous en fournira la preuve, car ses documents nationaux ont péri en totalité. De ses entreprises, de ses voyages, de son système colonial, de ses lois, il ne nous reste rien que des lambeaux dispersés çà et là dans les livres juifs et dans les auteurs grecs.

Une antique colonie phénicienne, celle de l'île de Crète, reflet de la métropole, eut de bonne heure, grâce à sa situation heureuse, une prééminence maritime célèbre. La mer était l'élément naturel des Crétois. Tout les y appelait. La position de leur île, une grande étendue de côtes, des ports nombreux, de vastes forêts, tout ce qui excite aux entreprises navales et développe chez un peuple le génie maritime se réunissait pour tourner vers la mer l'activité et l'ambition de ces insulaires. « La nature, dit Aristote [1], semble avoir placé l'île de Crète dans la position la plus favorable pour tenir l'empire de la Grèce. Elle domine sur la mer et sur une grande étendue de pays maritimes, que les Grecs ont choisis de préférence pour y former des établissements. D'un côté, elle est près du Péloponèse ; de l'autre, elle touche à l'Asie par le voisinage de Triope et de l'île de Rhodes. Cette heureuse position valut à Minos l'empire de la mer. » Cette grande puissance maritime est attestée par de nombreux témoignages, et présente tous les caractères d'un fait historique. « De tous les souverains dont nous ayons entendu parler, dit Thucydide, Minos est celui qui eut le plus anciennement une marine. Il était maître de la plus grande partie de la mer qu'on appelle maintenant Hellénique ; il dominait sur les Cyclades, et forma des établissements dans la plupart de ces îles [2]. » Il fut le premier législateur de la mer (XIVe siècle avant J.-C.). A cette époque, les Pélasges, les Cariens, les Léléges, les habitants des côtes de la Grèce, de l'Attique surtout, exerçaient en grand la piraterie et menaçaient de bouleverser la société et d'étouffer la civilisation naissante par leurs courses et leurs brigandages. Minos

---

1. Aristote, *Polit.*, II, 8.
2. Thucydide, I. 4 ; Hérodote, III, 22 ; Louis Lacroix, *Les îles de la Grèce* (Crète).

réunit toutes ses forces maritimes à celles de son frère Rhadamanthe, établi dans les îles de la mer Égée, fit aux pirates une guerre d'extermination et rétablit la sécurité sur la mer. La punition des habitants de l'Attique fut surtout terrible ; Minos leur imposa un tribut annuel de sept jeunes garçons et de sept jeunes filles, qui étaient renfermés dans le fameux labyrinthe. Thésée eut la gloire d'affranchir sa patrie de ce tribut odieux [1].

Pour prévenir le retour des désordres occasionnés par les pirates, Minos proposa aux Grecs un Code maritime qui reçut la sanction générale. Plutarque et Diodore de Sicile font connaître, d'après Clitodémus, le plus ancien historien de l'Attique, la teneur de la principale disposition de ce Code : « Les Grecs dé-
» fendent de mettre en mer aucune barque montée
» par plus de cinq hommes ; on n'en excepte que le
» capitaine du navire *Argo,* auquel on donne pour
» expresse mission de courir les mers pour les déli-
» vrer des brigands et des corsaires. » Le souvenir de l'ère de justice et de sécurité que l'archipel dut à Minos et à Rhadamanthe s'est conservé dans la légende qui les représente juges aux enfers.

Après le règne glorieux de Minos, la puissance maritime de la Crète déclina. La mer redevint le théâtre de crimes et de brigandages. J'ai montré Ulysse fai-

---

1. Plutarque, *Vie de Thésée.*

sant le portrait d'un aventurier de cette époque. L'art de naviguer était imparfait; il était difficile, sinon impossible, de rassembler sur une faible embarcation, chargée de denrées et de marchandises, des armes et des engins de guerre pour repousser les attaques des forbans qui infestaient les eaux voisines du rivage. Les marchands ne connaissaient alors qu'un seul moyen de défense que Cicéron appelle « ὁμοπλοία[1] ». C'est ce que nous désignons sous le nom de « voyages de conserve », quand plusieurs navires se réunissent pour voyager ensemble et s'assurer mutuellement contre les périls communs de la navigation. Pour se mettre à l'abri des écumeurs de mer, les navigateurs n'employaient que des navires à carène plate; le soir venu, ils atterrissaient et halaient le bâtiment sur le rivage.

Après les Crétois, les Rhodiens se signalèrent par leur puissance maritime dans toute l'antiquité. Strabon dit qu'ils étaient parvenus à anéantir dans leur voisinage les déprédations des pirates[2]. Les lois maritimes des Rhodiens eurent une grande célébrité, et j'aurai l'occasion d'en parler dans le cours de l'histoire de la piraterie. Rhodes, d'abord appelée Ophiussa, Ile aux serpents, servait, par son heureuse position à l'angle de l'Asie-Mineure, de relâ-

---

1. Liv. xvi, *Épîtres à Atticus*.
2. Strabon, xiv: « Ἡ δέ τῶν Ῥοδίων πόλις... τὰ λῃστήρια καθεῖλε. »

che aux vaisseaux qui allaient d'Égypte en Grèce ou de Grèce en Égypte [1]. Mettant à profit cet avantage, les Rhodiens se livrèrent au commerce maritime avec une infatigable ardeur et un succès qui leur fit une splendide opulence. Ils paraissaient avec assurance sur toutes les mers, sur toutes les côtes, et fondaient de nombreuses colonies parmi lesquelles on doit compter Parthenope (Naples) et Salapia en Italie, Agrigente et Géla en Sicile, Rhodes (Rosas) en Espagne. Rien n'était comparable à la légèreté de leurs vaisseaux, à la discipline qu'on y observait, à l'habileté des commandants et des pilotes [2]. Strabon assure qu'ils avaient entrepris de longs voyages pour protéger les navigateurs et fondé des colonies jusqu'au pied des Pyrénées [3].

1. Diodore, v.
2. Tite-Live, xxxvii, 30.
3. Strabon, iii, 4, § 6 ; xiv, 2, § 6.

CHAPITRE V

LES PIRATES GRECS.

« Les premiers Grecs, dit Montesquieu [1], étaient » tous pirates. » Rien n'est plus exact. La situation physique de la Grèce, sa configuration, se prêtaient admirablement à la piraterie : « Placée au centre de l'ancien continent, baignée de trois côtés par la mer, bordée de rivages découpés par des golfes profonds, abondants en havres abrités [2], » riche en bois, en promontoires, en caps, environnée d'îles, elle constituait un véritable empire de pirates. Nulle part la nature, si ce n'est dans les mers de Chine, n'était plus favorable à l'exercice de la piraterie. Les côtes, au tracé si capricieux, cachaient mille embuscades; poursuivait-on les pirates, ils fuyaient autour des îles, échappant à leurs adversaires comme dans un dédale sans fin.

Nous avons vu que les héros grecs de l'époque

1, *Esprit des lois*, xxi, 7.
2. *Grèce*, par Pouqueville.

fabuleuse exerçaient tous la piraterie. Si nous rentrons dans l'histoire avec Hérodote, Hésiode, Thucydide, nous allons constater que la mer était couverte de malfaiteurs. Les habitants de la Grèce et des îles de la mer Égée ne regardaient pas la navigation comme un lien propre à unir les peuples par le commerce, mais comme un moyen de s'enrichir par le pillage. Le métier de corsaire était une profession nullement déshonorante, il donnait beaucoup de gloire, de réputation, de richesse et de puissance à ceux qui l'exerçaient avec audace, intelligence et courage.

« Anciennement, dit le grand historien de la
» guerre du Péloponèse, ceux des Hellènes ou des
» barbares qui étaient répandus sur les côtes, ou qui
» habitaient les îles, surent à peine communiquer
» par mer, qu'ils se livraient à la piraterie, sous le
» commandement d'hommes puissants, autant pour
» leur propre intérêt, que pour procurer de la nour-
» riture aux faibles. Ils attaquaient de petites répu-
» bliques non fortifiées de murs et dont les citoyens
» étaient dispersés par bourgades ; les saccageaient,
» et de là tiraient presque tout ce qui était néces-
» saire à la vie. Cette profession, loin d'avilir, con-
» duisait plutôt à la gloire. C'est ce dont nous offrent
» encore aujourd'hui la preuve et des peuples conti-
» nentaux chez qui c'est un honneur de l'exercer, en
» se conformant à certaines lois, et les anciens

» poètes, qui, dans leurs œuvres, font demander aux
» navigateurs qui se rencontrent s'ils ne sont pas
» des pirates ; ce qui suppose que ceux qu'on inter-
» roge ne désavouent par leur profession, et que
» ceux qui questionnent ne prétendent pas insulter.
» Même par terre, on se pillait les uns les autres....
» De cette antique piraterie est resté chez ces peu-
» ples continentaux l'usage d'être toujours armés...
» Les cités fondées plus récemment à l'époque d'une
» navigation plus libre, se voyant plus riches, s'éta-
» blirent sur les rivages mêmes, s'environnèrent de
» murs, et interceptèrent les isthmes, autant pour
» l'avantage du commerce que pour se fortifier
» contre les voisins. Mais comme la piraterie fut
» longtemps en vigueur, les anciennes cités tant dans
» les îles que sur le continent, furent bâties loin de
» la mer, car les pirates se pillaient entre eux,
» n'épargnant pas ceux qui, sans être marins ou
» pirates, habitaient les côtes. Jusqu'à ce jour, ces
» anciennes cités ont conservé, reculées dans les
» terres, leur habitation primitive. Les insulaires
» surtout se livraient à la piraterie[1]. »

Tel est l'incomparable tableau que Thucydide nous a légué des commencements de la race hellénique, tableau aussi vrai au point de vue historique qu'en tous points conforme à une profonde connaissance

---

1. Thucydide, 1, 5, 6, 7, 8. — Traduction de J. B. Gail.

de la condition primitive de la société humaine et des différentes phases du développement de la civilisation.

Minos, roi de Crète, comme il a été dit plus haut, assembla le premier toutes ses forces maritimes, battit les corsaires, purgea les mers voisines, imposa un tribut à Athènes, et fit renaître la tranquillité en déportant les pirates, en fondant des colonies et en dictant aux peuples qu'il avait soumis un code qu'il prétendait émané des dieux et qu'il avait, par leur commandement, gravé sur des tables de bronze. Après la guerre de Troie, les Grecs, au dire de Thucydide[1], songèrent encore plus qu'auparavant à s'enrichir. Ils prirent du goût pour la navigation, construisirent des flottes et envoyèrent des colonies dans une grande partie des îles, en Sicile et en Italie. Dès le sixième siècle avant Jésus-Christ, Corinthe était devenue la ville la plus commerçante et la plus riche de la Grèce. Sa position lui valut ce haut degré de prospérité. Séparée de deux mers par l'isthme que Pindare compare à un pont destiné à lier le midi et le nord de la Grèce, Corinthe avait deux ports : celui de Léchée, sur la mer de Crissa (golfe de Lépante), relié à la ville par une double muraille, longue d'environ douze stades (une demi-lieue), c'était là qu'abordaient les navigateurs de la Sicile, de

---

1. I, 13.

l'Italie et de l'Ouest ; et le port de Cenchrée, éloigné de soixante-dix stades (trois lieues), sur la mer Saronique (golfe d'Égine), où venaient mouiller les vaisseaux des peuples des îles de la mer Égée, des côtes de l'Asie-Mineure et de la Phénicie. Toutes les marchandises étaient transportées à Corinthe d'où elles étaient embarquées sur d'autres bâtiments, mais dans la suite, on inventa des machines pour traîner les navires tout chargés d'une mer à l'autre. Corinthe était le comptoir principal et surtout le lieu de transit du commerce de l'Orient et de l'Occident. Elle recevait en entrepôt le papyrus et les voiles des vaisseaux des manufactures d'Égypte, l'ivoire de la Libye, les cuirs de Cyrène, les verreries, les métaux de la Phénicie, les tapis de Carthage, le blé et les fromages de Syracuse, les vins de l'Italie et des îles, les poires et les pommes de l'Eubée, des esclaves de la Phrygie et de la Thessalie. Elle créa une puissante marine pour protéger son commerce et couvrit la mer de ses vaisseaux. Les Corinthiens se rendirent habiles dans l'architecture navale, ils furent les premiers qui changèrent la forme des vaisseaux, qui auparavant n'avaient qu'un rang de cinquante rameurs, et ils en construisirent à trois ordres de rames qui furent appelés trirèmes[1]. Aussi Eusèbe cite-t-il, dans sa chronique, les Corinthiens parmi

---

1. Thucydide, I, 13.

les peuples qui eurent l'empire de la mer, c'est-à-dire, qui furent assez forts pour éloigner les pirates et attirer les marchands dans leurs ports. Corinthe envoya des colonies à Syracuse et à Corcyre (Corfou), (l'an 753 avant J.-C.) à Apollonie, à Anactorium, à Leucade et à Ambracie, entre 660 et 663. Les démêlés entre Corinthe et Corcyre furent l'origine de la guerre du Péloponèse. Corinthe reprochait à Corcyre d'être un repaire de bandits. La lutte s'engagea à l'occasion de la colonie d'Épidamne[1] que les Corinthiens prétendaient posséder, et le premier combat naval entre les Grecs dont l'histoire fasse mention a été livré entre ces deux peuples[2]. Corcyre devint plus tard une fidèle alliée de Rome dont elle implora le secours contre les incursions des pirates illyriens qui avaient alors pour reine la célèbre et cruelle Teuta.

1. Sur la côte d'Illyrie.
2. Thucydide, I, 24 et suiv.

CHAPITRE VI

L'ILE DE SAMOS. — LE TYRAN POLYCRATE. —
LE MARCHAND COLÆOS.

Le type le plus achevé de prince-pirate que nous offre la race grecque est sans contredit celui de Polycrate, tyran de Samos.

Les Samiens, d'origine carienne et phénicienne, s'étaient adonnés à la navigation et avaient hérité des goûts de piraterie de la nation carienne. Ils apportaient un grand soin à l'entretien de leur flotte. Ils furent les premiers parmi les Grecs qui se rendirent redoutables sur mer. Sans cesse en guerre avec leurs voisins, les Samiens menaient une véritable existence de pirates, et dans les relations extérieures, comme sur la place publique, leur seule règle de conduite était la force et le caprice. Ils s'emparèrent un jour d'un présent que le roi d'Égypte, Amasis, destinait aux Lacédémoniens. « C'était un magnifique
» corselet de lin, orné de figures diverses tissues d'or
» et de coton, chacun des fils de cet ouvrage le ren-

» dait digne d'admiration, et enfin, quoique léger,
» il ne contenait pas moins de trois cent soixante
» fils, tous visibles[1]. » Ils ravirent aussi un cratère
que les Lacédémoniens offraient à Crésus en retour
d'un riche présent qu'ils avaient reçu de ce prince.
Périandre, le célèbre et puissant tyran de Corinthe,
n'avait pas été moins outragé. Voulant se venger des
Corcyréens qui avaient fait périr son fils Lycophron,
il avait envoyé au roi de Lydie, Alyatte, trois cents
enfants des principaux citoyens de Corcyre pour en
faire des eunuques. Les Corinthiens qui les condui-
saient, ayant relâché à Samos, les Samiens, instruits
du dessein de Périandre, entraînèrent les jeunes
garçons dans le temple de Diane, leur firent embrasser l'autel et ne permirent pas qu'on les arrachât
d'un lieu sacré. Comme les Corinthiens ne voulaient
point accorder de vivres à ces malheureux, les Samiens instituèrent une fête religieuse pendant
laquelle ils apportèrent au temple des gâteaux de
miel et de sésame dont les Corcyréens se nourrirent.
On ne cessa qu'au départ des Corinthiens qui,
finalement abandonnèrent leurs prisonniers que
les Samiens ramenèrent ensuite dans leur patrie[2].

Les Samiens s'appliquèrent à la navigation et fondèrent un établissement à Oasis, à sept journées de

---

1. Hérodote, III, 47.
2. Hérodote, III, 48; Diogène Laert., I, VII, 2.

Thèbes, dans la haute Égypte [1]. Ce fut grâce à des pirates samiens, cariens et ioniens que le roi Psamétik Ier, fils de Nécho, fut rétabli sur le trône d'Égypte d'où l'en avaient chassé les onze rois, ses collègues. Lors de son exil, il avait fait consulter, dans la ville de Buto, l'oracle de Latone qui lui avait répondu que la vengeance viendrait quand apparaîtraient les hommes d'airain. Peu de temps après, une tempête entraîna en Égypte des Ioniens des îles et des côtes de l'Asie qui avaient mis à la voile pour exercer la piraterie. Ils débarquèrent couverts d'armes d'airain et un Égyptien qui n'avait jamais vu d'hommes armés de cette manière courut annoncer à Psamétik que des hommes d'airain venant de la mer, pillaient les campagnes. Celui-ci comprenant que l'oracle s'accomplissait, fit bon accueil à ces étrangers, et, par de magnifiques promesses, les décida à se joindre à lui. Avec leurs secours, il redevint maître de l'Égypte et donna en récompense, à ses auxiliaires, des terres un peu au-dessous de Bubaste. Ce furent les premiers Grecs qui s'établirent en Égypte [2]. Des colons milésiens, encouragés par cet exemple, vinrent aborder avec trente navires à l'entrée de la bouche bolbitine et y fondèrent un comptoir fortifié qu'ils nommèrent « le

---

1. Hérodote, II, 26.
2. Hérodote, II, 152-154.

camp des Milésiens [1] ». Le roi leur confia des enfants du pays pour apprendre la langue grecque et servir d'interprètes [2]. L'histoire ne dit pas si les Grecs confièrent à leurs hôtes des enfants pour apprendre la langue égyptienne ; mais le fait en lui-même est peu probable, le Grec, comme on le sait, ayant toujours montré peu de goût pour les langues étrangères [3]. Les Grecs furent frappés d'étonnement à la vue de la civilisation égyptienne, si grande encore et si imposante dans sa décadence ; ils voulurent rattacher aux dieux de l'Égypte l'origine de leurs dieux, à ses races royales la généalogie de leurs familles héroïques. Mille légendes se formèrent dans les marines du Delta, sur le roi Danaos et sur son exil en Grèce, après une révolte contre son frère Armaïs [4], sur les migrations de Cécrops et sur l'identité d'Athéna [5] avec la Neit de Saïs, sur la lutte d'Hercule avec le tyran Busiris, sur le séjour d'Hélène et de Ménélas à la cour de Protée [6]. L'Égypte devint une école où les

---

1. Strabon, I, XVII, 1. « Μιλησίων τεῖχος. »
2. Hérodote, II, 154.
3. Letronne : *Memoire sur la civilis. égypt. depuis l'arrivée des Grecs sous Psammétik jusqu'à la conquête d'Alexandre, dans les mélanges d'érudition et de critique historique*, p. 164-169.
4. Manéthon, p. 158, 195-198.
5. Diodore, I, 14 ; Eustathe. *In Dionys.*, p. 56 ; Suidas, *In Prometh.*
6. Diodore. II, 112-121. — C. F. *Odyss.* IV, 82, sqq. ; Clém. d'Alex. *Strom.*, p. 326 a ; Maspéro, *Hist. anc.*, p. 492.

grands hommes de la Grèce, Solon, Pythagore, Eudoxe, Platon, allèrent étudier les principes de la sagesse et de la science. Au contraire, l'Égyptien ne rendit au Grec que méfiance et mépris. Le Grec encore pirate, brigand et voleur, fut pour l'Égyptien de vieille race un être impur à côté duquel on ne pouvait vivre sans se souiller. Hérodote dit que pas un homme, pas une femme d'Égypte ne voudraient baiser un Grec sur la bouche, ni faire usage de son couteau, de ses broches, de sa marmite, ni manger de la chair d'un bœuf pur découpé avec le couteau d'un Grec[1].

Telle était en Égypte la réputation des Grecs ; les Ioniens, les Samiens surtout avaient contribué à attirer sur le nom grec le mépris d'une race civilisée.

A l'intérieur, l'île de Samos était déchirée par des dissensions qui se terminèrent, après de longues secousses par l'établissement de la tyrannie. C'est ce qui arriva au temps de Polycrate, l'un des hommes les plus fameux de l'antiquité et la plus grande illustration de Samos après Pythagore.

Polycrate reçut de la nature de grands talents, et de son père, Éacès, de grandes richesses. Ce dernier avait usurpé le pouvoir souverain, et son fils résolut de s'en revêtir à son tour. Il y parvint avec l'appui

---

1. Hérodote, II, 51.

de ses deux frères et partagea avec eux le pouvoir pendant quelque temps. Mais il ne tarda pas à les condamner l'un à mort et l'autre à l'exil [1]. Employer pour retenir le peuple dans la soumission, tantôt la la voie des fêtes et des spectacles [2], tantôt celle de la violence et de la cruauté [3], le distraire du sentiment de ses maux en le conduisant à des conquêtes brillantes, de celui de ses forces en l'assujettissant à des travaux pénibles [4], s'emparer des ressources de l'État, s'entourer de satellites et d'un corps de troupes étrangères, se renfermer au besoin dans une forte citadelle, savoir tromper les hommes et se jouer des serments les plus sacrés : tels furent les principes qui dirigèrent Polycrate après son élévation [5].

Polycrate était aussi parfait pirate que tyran accompli. Il se créa une marine redoutable. Il fit construire des vaisseaux plus larges et plus profonds, et changea la forme de la proue de manière à les rendre plus légers [6] ; les navires bâtis sur ce modèle retinrent le nom de « Samènes » (Σαμαίνα). Bientôt Polycrate eut à sa disposition cent galères à cinquante rames, ses archers étaient au nombre de

---

1. Polyani, *Stratagemata*, I, 23 ; Hérodote, III, 39.
2. Athénée, II, 10.
3. Diodore, I, 95.
4. Aristote, *De Republ.*, V, II.
5. Barthélemy, *Anacharsis*, LXXIV.
6. Plutarque, *Périclès* ; Hésychius, Σαμιακός τρόπος.

mille. A la tête de ces forces, il ne croyait avoir personne à ménager, il pillait partout, ne distinguant personne : « Car, disait-il, je serai plus agréable à un
» ami si je lui restitue quelque chose que si je ne
» lui enlève rien du tout [1]. » Il s'empara de beaucoup d'îles et de plusieurs villes du continent. Dans une de ses expéditions, comme les Lesbiens, avec toutes leurs forces, portaient secours aux Milésiens, il les vainquit dans un combat naval et les fit prisonniers. Ces Lesbiens, durant leur captivité, creusèrent les fossés autour des remparts de Samos [2]. Polycrate prêta de nombreux vaisseaux à Cambyse, roi de Perse, lorsque, contre tout droit, ce prince envahit l'Égypte. Plus tard il envoya pour brûler le temple de Jupiter Ammon cinquante mille hommes qui tous périrent par la tempête.

Hérodote, dans le troisième livre de son histoire, nous a laissé un récit intéressant du règne de Polycrate, de ses relations avec Amasis, roi d'Égypte, de l'épisode de son anneau, et enfin de sa mort déplorable à la suite de la trahison d'Orétès, satrape de Lydie, qui le fit mettre en croix (1re année de la 64e Olympiade ; 524 avant J.-C.) [3].

Mercure, dieu actif du commerce et du vol, eut un temple fameux chez les Samiens, dès une époque

1. Hérodote, III, 39.
2. Idem, III. 39.
3. Idem, III, 40 et suiv., 120-126.

très reculée. Léogoras, un des plus anciens rois-pirates de Samos, au retour de son exil de dix années à Anæa, sur les côtes de Carie, en face de Samos, le lui avait élevé, et, en mémoire des pillages et de la piraterie qui avaient été sa seule ressource, il fut admis que pendant les fêtes et les jours consacrés, on se volerait réciproquement. Ce Mercure était surnommé « Joyeux » (Χαρίδοτης)[1].

Samos a fourni un type de prince-pirate, elle en a un second, celui de marchand-aventurier. Un négociant samien, nommé Colæos, voulut faire voile vers l'Égypte au moment ou venaient de commencer, sous Psamétik, les relations de ce pays avec la Grèce. Des vents de l'est le jetèrent vers l'île de Platée, en Libye, et de là l'emportèrent dans l'Océan, à travers le détroit de Gadès. Hérodote, en racontant ce fait ajoute avec intention que Colæos fut conduit par une main divine. Il aborda (en 642 ou 641 avant J.-C.) à Tartessus, la Tarsis des Phéniciens et des prophètes hébreux, et révéla à ses compatriotes la splendeur de ce grand établissement tyrien, situé en Ibérie, à l'embouchure du fleuve Bœtis (le Guadalquivir). Les profits de Colæos, au retour de ce voyage aventureux, furent si considérables que la dîme de son gain s'élevant à six talents (à peu près 32,400 fr.), il fit fabriquer un vase d'airain, en forme de cratère argolique,

---

1. Plutarque, *Quæst. gr.* 55 ; Pausanias, VII. 4.

orné de têtes de griffons et soutenu par trois grandes statues d'airain de sept coudées, que l'on voyait dans le temple de Junon, la grande déesse samienne[1]. Ce ne fut pas seulement l'importance des bénéfices imprévus qui en résultèrent pour la ville ibérienne de Tartessus, mais aussi la découverte d'espaces inconnus, l'accès dans un monde nouveau qu'on ne faisait qu'entrevoir à travers les nuages de la fable, qui donnèrent du retentissement et de l'éclat à cet événement, partout où, dans la Méditerranée, la langue grecque était entendue. On voyait pour la première fois, au delà des colonnes d'Hercule, à l'extrémité occidentale de la terre, sur le chemin de l'Élysée et des Hespérides, ces eaux primitives et sombres « *mare tenebrosum* » qui entouraient la terre, et d'où l'on voulait encore à cette époque, faire descendre tous les fleuves[2].

Dans toutes les îles helléniques la piraterie fut exercée comme à Samos. On retrouvera la plupart des Cyclades et des Sporades dans l'histoire de la piraterie. Pendant des siècles les corsaires se sont embusqués dans les petits ports, dans les criques, dont les rivages de ces îles abondent, pour tomber sur les navires marchands, comme les bêtes fauves sortent de leurs antres sauvages pour attaquer les troupeaux et les pasteurs.

1. Hérodote, IV, 152.
2. A. de Humboldt, *Cosmos*, II, 2, p. 1

CHAPITRE VII

LA PIRATERIE GRECQUE. — SALAMINE. — ÉGINE.

L'histoire grecque depuis les temps historiques jusqu'aux guerres médiques est riche en brigandage et en violences commises par les différents peuples qui envahissaient la Péninsule. Pendant presque toute la durée du siècle qui suivit la prise de Troie, la Grèce fut extrêmement agitée par les dissensions existant dans les familles souveraines, principalement dans celles de Pélops, et par les invasions des tribus du nord, surtout par celles des Doriens qui occupèrent le Péloponèse avec les Héraclides, quatre-vingts ans après la prise de Troie. Quelles guerres ont été plus cruelles, plus horribles, que les guerres de Messénie et que celles des Crisséens? Pendant que Sparte, soumise aux lois de Lycurgue, organisait la plus forte armée de terre de la Grèce, Corinthe devenait de son côté la première puissance maritime de cette contrée ; elle possédait une flotte qui pouvait rivaliser avec les flottes des Samiens et des Phocéens, ces derniers fondateurs de Marseille et vainqueurs des Carthaginois.

Si, d'après Thucydide[1], les Athéniens furent les premiers parmi les Grecs, qui prirent des mœurs plus douces, il n'en est pas moins vrai que, à l'origine, ils exercèrent la piraterie comme tous les autres peuples de la Méditerranée. J'ai rappelé la peine sévère que leur infligea Minos pour venger le meurtre de son fils dont les Athéniens s'étaient rendus coupables. Thésée, frappé de l'ordre admirable de la législation crétoise, avait introduit de salutaires réformes dans l'Attique, mais la forme du gouvernement établie par le héros athénien éprouva plus tard de grandes altérations. Comme Démosthène l'a dépeint en traits énergiques, les magistrats pillaient le trésor et les temples, le riche tyrannisait le pauvre, le pauvre alarmait continuellement la sûreté du riche ; la rapacité des créanciers ne connaissait aucunes bornes ; ils contraignaient les débiteurs insolvables à cultiver les terres qu'ils possédaient, à faire le service des animaux domestiques, à livrer leurs fils et leurs filles pour les exporter et les vendre à l'étranger. La partie de la population qui habitait sur le bord de la mer se livrait à une piraterie effrénée. Ce fut l'exercice de cette profession qui fit naître une riva-

---

1. Hérodote, I, 6.

lité acharnée entre Athènes et Mégare. Ces deux villes se disputaient, de temps immémorial, la possession de l'île de Salamine, riche en pins (d'où son antique nom de *Pityussa*), pour construire les navires, et surtout admirablement située au fond du golfe Saronique et séparée de la côte par un canal de 1800 mètres de large. Placée sur le trajet des vaisseaux qui se rendaient au port de Cenchrée ou qui se dirigeaient de Corinthe en Égypte ou en Asie-Mineure, elle était un poste important d'attaque et un refuge assuré pour ceux qui guettaient une proie à saisir au passage ou fuyaient devant un ennemi plus fort.

En 612 avant J.-C., les Mégariens enlevèrent Salamine aux Athéniens, leurs rivaux; ceux-ci firent de grands efforts pour la reprendre, mais découragés par des échecs répétés, ils y renoncèrent entièrement et même décrétèrent, sous peine de mort, de jamais rien proposer, ni par écrit ni de vive voix, pour en revendiquer la possession. Solon résolut de relever le courage de ses concitoyens. Indigné d'une telle humiliation, et voyant d'ailleurs que les jeunes gens ne demandaient qu'un prétexte de recommencer la guerre et n'étaient retenus que par la crainte de la loi, il imagina de contrefaire le fou et fit répandre dans la ville, par les gens mêmes de sa maison, qu'il avait perdu la raison. Mais il avait composé en secret une élégie, et, un jour, il sortit brusquement de chez lui, un chapeau sur la tête [1], et courut à la place publique. Le peuple l'y suivit en foule, et là, Solon, monté sur la pierre des proclamations publiques, chanta son élégie, qui commence ainsi :

> Je viens moi-même, en héraut, de la belle Salamine,
> Au lieu d'un discours j'ai composé pour vous des vers.

Ce poème est appelé *Salamine* et contient cent vers que Plutarque dit d'une grande beauté. Quand Solon eut fini, ses amis applaudirent: Pisistrate surtout encouragea si bien les Athéniens que le décret fut révoqué, la guerre déclarée, et Solon nommé général.

Solon résolut de s'emparer de Salamine au moyen d'un stratagème de corsaire audacieux. Il fit voile, avec Pisistrate, vers Coliade [2], où il trouva toutes les femmes athéniennes rassemblées pour faire à Cérès un sacrifice solennel. De là, il envoie à Mégare un homme de confiance qui se donne pour un transfuge, et qui propose aux Mégariens, s'ils veulent s'emparer des premières citoyennes d'Athènes, de partir avec lui pour Coliade. Les Mégariens, avides d'un bon coup de main, dépêchent à l'heure même un vaisseau rempli de soldats. Solon, ayant vu le navire sortir de Salamine, fait retirer les femmes et accoutre

---

1. C'était la coutume des malades, et le chapeau est une des prescriptions médicales recommandées par Platon dans le 3ᵉ livre de *la République*.

2. Promontoire de l'Attique, près du port de Phalère.

de leurs vêtements, de leur coiffure, de leurs chaussures, les jeunes gens qui n'avaient encore point de barbe. Ceux-ci cachent des poignards sous leurs robes et vont, d'après son ordre, jouer et danser sur le rivage jusqu'à ce que les ennemis soient descendus à terre et que le vaisseau ne puisse échapper. En effet, les Mégariens, abusés par ce spectacle, débarquent et se précipitent à l'envi pour enlever les prétendues femmes ; mais ils furent tous tués sans exception. Les Athéniens firent voile aussitôt vers l'île et s'en emparèrent. D'autres, ajoute Plutarque, prétendent que ce fut un autre moyen de surprise qu'employa Solon. L'oracle de Delphes, consulté par lui, aurait répondu :

> Rends-toi propices, par les offrandes, les héros indigènes,
> (patrons du pays,
> Ceux que les champs de l'Asopus enferment dans leur sein,
> Et dont les tombeaux regardent le couchant [1].

En suite de cette réponse, Solon passa la nuit à Salamine et immola des victimes aux héros Périphémus et Cychrée, anciens rois de l'île. Les Athéniens lui donnèrent 300 volontaires, auxquels ils avaient assuré, par un décret, le gouvernement de Salamine s'ils s'en rendaient les maîtres. Solon les embarqua sur un certain nombre de bateaux-pêcheurs,

---

1. Les Athéniens tournaient les morts du côté du couchant, et les Mégariens les tournaient du côté du levant.

escortés par une galère à trente rames, et fit jeter l'ancre vers une pointe de terre qui regarde l'Eubée. Les Mégariens qui étaient à Salamine n'avaient eu, sur sa marche, que des avis vagues et incertains ; ils coururent aux armes en tumulte et envoyèrent un vaisseau à la découverte. Ce vaisseau s'approcha de la flotte des Athéniens et fut pris. Solon mit sous bonne garde les Mégariens qui le montaient, et les remplaça par les plus braves de sa troupe. Il leur enjoignit de cingler vers Salamine, en se tenant le plus couverts qu'ils pourraient ; il prit lui-même quelques-uns de ses soldats et s'en fut attaquer par terre les Mégariens. Pendant le combat, les Athéniens du vaisseau surprirent Salamine et s'y établirent. Il y a des usages qui semblent confirmer ce récit. Tous les ans un navire partait d'Athènes et se rendait sans bruit à Salamine. Des habitants de l'île venaient au-devant du navire, tumultueusement, en désordre, et un Athénien s'élançait sur le rivage, les armes à la main et courait, en jetant de grands cris, du côté de ceux qui venaient de la terre. C'était au promontoire de Sciradium, et l'on voyait encore, du temps de Plutarque, non loin de là, un temple dédié à Mars, que Solon fit bâtir après avoir vaincu les Mégariens.

Tous ceux qui n'avaient pas péri dans le combat restèrent libres par le bénéfice d'un traité. Les Mégariens irrités de la perte de Salamine, cherchèrent à s'en venger en substituant l'artifice à la force ; ils préparèrent en secret un armement pour enlever, à la faveur des ténèbres, les femmes athéniennes pendant la célébration nocturne des sacrifices d'Éleusis. Pisistrate, averti de ce dessein, se mit en embuscade avec la jeunesse d'Athènes. Les Mégariens qui ne se croient pas découverts, débarquent sans obstacle ; mais, au moment de faire leur coup, ils sont surpris, enveloppés et taillés en pièces. Pisistrate profite de sa victoire, met les femmes athéniennes sur les vaisseaux mégariens et cingle avec sa troupe vers Mégare. Les habitants de la ville, apercevant leurs vaisseaux chargés de femmes d'Athènes, courent en foule sur le rivage pour féliciter leurs concitoyens de l'heureux succès de leur expédition. Pisistrate profite de l'erreur, se jette sur eux, les passe presque tous au fil de l'épée, et il s'en faut peu qu'il ne s'empare de Mégare. Les deux peuples continuèrent à se faire réciproquement tous les maux qu'ils purent, mais à la fin ils prirent les Lacédémoniens pour arbitres, et Salamine fut définitivement attribuée à Athènes [1].

Les mêmes actes de piraterie de peuple à peuple se retrouvent dans la lutte qui eut lieu entre Athènes et Égine.

Située au milieu du golfe Saronique, l'île d'Égine,

---

1. Plutarque, *Vie de Solon*.

l'ancienne OEnone, était à quelques heures des villes les plus florissantes de la Grèce, le Pirée, Éleusis, Mégare, Corinthe, Épidaure, Trézène. Elle est protégée par un rempart d'écueils qui forment une fortification naturelle sortie des flots à la voix d'Éaque, suivant la tradition mythique rapportée par Pausanias [1]. Elle a devant elle, du côté de la mer, les Cyclades, la Crète, Rhodes et Chypre, placées entre la Grèce et l'Asie. Elle se trouvait ainsi sur la route que suivaient les nombreux navires qui allaient des îles de l'Archipel au continent de la Grèce, et du continent dans des îles de la Méditerranée et aux entrepôts de la mer Noire. Outre les avantages de leur position, les Éginètes étaient encore poussés vers les entreprises maritimes par le peu d'étendue et de fertilité de leur territoire. Aussi les voit-on tourner de bonne heure leurs efforts vers la navigation. A l'époque de la guerre de Troie, ils possédaient déjà une forte marine, et leurs navires peints en noir, allèrent à cette fameuse expédition sous la conduite du vaillant Diomède [2]. Égine eut bientôt sur les autres puissances de la Grèce une supériorité maritime qu'elle dut à la hardiesse de ses marins et à l'habileté de ses constructeurs. Tandis que les autres Grecs n'avaient que des vaisseaux ronds, Égine possédait des galères longues, à grandes rames et dont la proue

---

1. II.
2. Homère, *Iliade*, I, 562 et suiv.

et la poupe étaient travaillées avec un art assez avancé[1]. Le négoce maritime était aussi développé à Égine qu'à Corinthe. Égine dont les habitants ne méprisaient d'ailleurs aucun moyen de s'enrichir, avait aussi donné à la fabrication et au commerce des poteries une extension qui lui valut dans l'antiquité l'épithète de χυτρόπωλις « marchande de marmites[2] ». Les Éginètes fondèrent Cydonie, dans l'île de Crète, et une colonie chez les *Ombrici*, en Italie[3]. En Égypte, Amasis leur fit don du port de Naucratis, situé près de la bouche Canopique[4], qui devint une République grecque, gouvernée par des magistrats indépendants. Les Éginètes se rencontrèrent dans les eaux de Naucratis avec les Samiens, leurs rivaux sur mer. Ils en vinrent aux prises, et les proues des navires samiens, qui représentaient des sangliers, capturées dans un combat naval (518 av. J.-C.) et consacrées à Égine, dans le temple de Minerve, attestaient que les Éginètes avaient eu l'avantage dans la lutte[5]. Naucratis fut désormais le seul port ouvert en Égypte aux étrangers. Lorsqu'un navire marchand poursuivi par les pirates, assailli par la

---

1. Thucydide, I, 14.
2. Julius Pollux, *Onomasticon*, VII, 197.
3. Strabon, VIII, 376.
4. Hérodote, II, 178; Athénée, IV, 149; Letronne, *Civilis égypt.*, 11, 12.
5. Hérodote, III, 59.

tempête ou contraint par quelque accident de mer, abordait sur un autre point de la côte, son capitaine devait se présenter devant le magistrat le plus proche, afin d'y jurer qu'il n'avait pas violé la loi de son plein gré, mais forcé par des motifs impérieux. Si l'excuse paraissait valable, on lui permettait de faire voile vers la bouche Canopique ; quand les vents ou l'état de la mer s'opposaient à ce qu'il partît, il pouvait embarquer sa cargaison sur des bateaux du pays et la transporter à Naucratis par les canaux du Delta [1]. Cette disposition de loi fit la fortune de cette ville qui devint rapidement un des entrepôts les plus considérables du monde ancien [2].

C'est à Égine que furent frappées, en 895 av. J.-C. les plus anciennes médailles grecques que nous connaissions. Les riches marchands de l'île favorisèrent les beaux-arts, qui déjà au VIe siècle, atteignirent une grande perfection. Égine fut pendant un certain temps le centre de l'art grec, et donna son nom à une école dans laquelle on remarque Smilis, inventeur de la sculpture sur bois, Glaucias, qui fit les statues de plusieurs athlètes vainqueurs, Myron, auteur de la statue d'Hécate, ornant le temple de cette déesse dans l'île, Onatas, sculpteur et peintre qui n'est inférieur, dit Pausanias, à aucun des artistes qui sont sortis de l'école d'Athènes, fondée par Dé-

---

1. Hérodote, II, 179.
2. Maspéro, *Histoire ancienne*, p. 527.

dale. L'art éginétique semble se distinguer surtout par un caractère plus réaliste que celui d'Athènes, il n'a jamais atteint l'idéal de Phidias [1].

La fortune d'Égine devint la cause de ses malheurs et de sa ruine. Colonie d'Épidaure, elle en avait reconnu la souveraineté : les procès des Éginètes étaient jugés par les Épidauriens [2]. Mais bientôt l'opulente colonie allait se révolter contre la métropole, ravager son territoire, enlever ses dieux et, du même coup, commencer contre Athènes cette guerre implacable qui, née avec la haine de la race dorienne contre la race ionienne, devait traverser l'invasion médique et ne se terminer que par l'anéantissement des Éginètes 460 à 505 avant J.-C.

Le stimulant de la nécessité, la ruse, le vol, la piraterie, l'emploi permanent de la force caractérisent la lutte entre Égine et Athènes. C'est à ce titre que cette guerre, ou plutôt cette piraterie de peuple à peuple, rentre dans le cadre de cette histoire. Un motif religieux servit de prétexte aux hostilités. Les

---

1. Pausanias, II, 32; v, 9, 11, 14, 17, 22 23, 27; VIII, 42, 53; x, 4, 5, 9. — *Histoire de l'art grec d'après les marbres d'Égine, et la description de la Glyptothèque de Munich*, dans le livre de H. Fortoul, *De l'art en Allemagne*. — About, *Mém. sur Égine*, Arch. des missions scientif. et littér., t. III. — Ch. Garnier, *L'île d'Égine*, Revue de l'Orient, mai 1857 ; *A travers les arts*, p. 826, Paris, 1869 ; et sur le *Temple d'Égine*, Revue archéologique, 1854.

2. Hérodote, v, 83.

Épidauriens, affligés de la grande stérilité de leur territoire, consultèrent l'oracle de Delphes, qui leur ordonna d'ériger à Damia et à Auxésia, divinités qui étaient les mêmes que Cérès et Proserpine, des statues sculptées en bois d'olivier. Les Épidauriens, persuadés que les oliviers de l'Attique étaient les plus sacrés, demandèrent aux Athéniens d'emprunter cette offrande à leur sol. Les Athéniens y consentirent, à la condition que, tous les ans, les Épidauriens amèneraient des victimes à Minerve Polias et à Erechtée [1]. Ce pacte religieux et politique était observé, lorsque les Éginètes, devenus maîtres de la mer, profitèrent de leur puissance pour armer une flotte, exercer la piraterie et ravager le territoire d'Épidaure, leur métropole. Dans une de leurs expéditions, ils enlevèrent les statues consacrées, les transportèrent chez eux et les placèrent au centre de leur territoire, en un lieu appelé OEa, environ à vingt stades de leur ville. Ils consacrèrent à chacune des déesses des chorèges et instituèrent en leur honneur des sacrifices et des chœurs de femmes qui s'adressaient des invectives [2]. Depuis l'enlèvement des statues, les Épidauriens avaient cessé de payer aux Athéniens le tribut établi. Aux menaces d'Athènes, Épidaure répondit que tant qu'elle avait possédé les statues sacrées, les engagements avaient été remplis,

1. Hérodote, v, 82.
2. Idem, v, 83.

mais que désormais les Éginètes, qui les avaient ravies, devaient payer le tribut. Les Athéniens envoyèrent alors à Égine des ambassadeurs qui n'obtinrent aucune satisfaction [1]. Une flotte athénienne opéra une descente dans l'île ; mais les Éginètes, avertis des projets de l'ennemi, firent alliance avec les Argiens et tombèrent à l'improviste sur les Athéniens, au moment où ceux-ci, croyant ne rencontrer aucune résistance, avaient passé des cordes autour des statues, et cherchant à les enlever de leur base, les avaient fait tomber à genoux, posture, ajoute Hérodote, qu'elles ont conservée depuis cette époque. Les dieux, irrités d'une telle profanation, firent trembler la terre sous les pas de l'armée sacrilège, qui fut anéantie aux lueurs de la foudre. Un seul homme survécut pour aller annoncer à Athènes la vengeance céleste ; et encore, pour que l'expiation fût complète, les femmes de ceux qui avaient été de l'expédition s'attroupèrent autour de l'unique survivant, et, lui demandant compte de la mort de leurs maris, le firent périr en le piquant avec les agrafes de leurs robes. L'atrocité de cette action parut aux Athéniens plus déplorable que leur défaite même, et, ne sachant quelle punition infliger aux coupables, ils les obligèrent à prendre les habits de lin des Ioniennes. Elles avaient porté jusqu'alors le costume dorien. Les Ar-

---

[1]. Hérodote, v, 84.

giens et les Éginètes, a[...]aire, en souvenir de cette action, décidère[nt que do]rénavant leurs femmes porteraient des agrafes u[ne fois] et demie plus grandes qu'auparavant; que la principale offrande des femmes aux déesses consisterait en agrafes consacrées, et que, dans la suite, on n'offrirait aucune chose qui vînt de l'Attique, pas même un vase de terre [1].

Après la réduction de Chalcis, en Eubée, par les Athéniens, les Thébains cherchèrent à tirer vengeance de leur défaite et s'unirent aux Éginètes, qui dévastèrent les côtes de l'Attique. Une trêve suspendit pendant trente ans les hostilités. La guerre recommença en 491 avant J.-C. par un coup de main audacieux des Éginètes. S'étant placés en embuscade, ils enlevèrent, à la hauteur du promontoire Sunium, la *Théoris*, cette galère à cinq rangs de rames qui allait périodiquement à Délos accomplir le vœu de Thésée, et jetèrent aux fers les premiers citoyens d'Athènes qui la montaient [2]. Les Athéniens mirent tout en œuvre pour se venger de cet attentat. Ils soulevèrent la démocratie d'Égine contre l'oligarchie qui était à la tête du gouvernement. Nicodrome, un banni d'Égine, instruit du projet des Athéniens, leur promit de leur livrer sa patrie. La flotte des Athéniens, forte de soixante-dix navires, n'osa cependant livrer bataille à celle d'Égine. Nicodrome, quoique

1. Hérodote, vi, 90-93.
2., *Idem*, v, 85-88.

maître de la vieille ville, s'enfuit sur une barque à
Sunium, en voyant l'inaction des Athéniens. L'insurrection fut écrasée par l'aristocratie éginète. Sept
cents hommes du peuple furent conduits au supplice.
Un sacrilège, commis à ce moment, laissa parmi les
Grecs un long et odieux souvenir. Un des insurgés
que l'on menait à la mort s'échappa et se réfugia
dans le temple de Cérès-Thesmophore. Il saisit le
marteau de la porte et s'y tint fortement attaché. Les
exécuteurs réunirent tous leurs efforts pour lui faire
lâcher prise. Comme on n'y pouvait réussir, on scia
au fugitif ses mains suppliantes qui restèrent suspendues à la poignée de la porte pendant que le malheureux fut traîné au dernier supplice[1]. La lutte
continua entre les deux peuples. Après quelques succès, les Athéniens éprouvèrent un désastre sur mer :
quatre de leurs vaisseaux furent enlevés avec tous
leurs équipages par les Éginètes.

Ce fut pendant ces alternatives de victoires et de
défaites des deux puissances rivales que Darius envoya demander aux Grecs la terre et l'eau, en signe
de soumission, et que commença la lutte mémorable
entre la Grèce et la Perse.

1. Hérodote, VI, 90-93.

CHAPITRE VIII

LE MONDE ORIENTAL A L'ÉPOQUE DES GUERRES MÉDIQUES.

Les historiens grecs ont attribué à la seule ambition des monarques de l'Orient l'origine de leurs invasions en Asie-Mineure et en Grèce, mais l'étude de l'état social des populations dans ces antiques époques, la recherche des causes véritables, le plus souvent multiples et diverses, dont les événements procèdent, l'analyse des mœurs, des intérêts, matériels, du tempérament et du génie propres à chaque race démontrent bien vite que le problème est plus complexe, et que l'ambition seule n'a pas été l'unique mobile de ces invasions.

Un rapide coup d'œil sur l'histoire orientale est nécessaire pour saisir le véritable caractère de la lutte mémorable qui eut lieu entre une grande nation à son déclin et une autre nation à l'aurore de ses destinées. La piraterie a joué un grand rôle à cette époque; inhérente à la condition sociale des populations maritimes, elle apparaît dans les migrations comme un moyen de se procurer les choses nécessaires à la vie, dans les rivalités entre les peuples, dans les guerres et dans les conquêtes, comme le principe même de ces événements. Ce fut peut-être la piraterie ionienne et athénienne plus encore que l'ambition de Darius qui décida ce monarque à envahir la Grèce.

J'ai dit que les Sidoniens et les Phéniciens avaient pratiqué la piraterie dans le sens le plus absolu de ce mot ; il en fut de même chez la plupart des races du monde antique qui semblent s'être toutes donné rendez-vous en Asie-Mineure. Au début de l'histoire, on y trouve les Méoniens, les Tyrséniens, les Troyens, les Lyciens, établis en tribus sur les côtes. Quelques-unes de ces peuplades, attirées par les profits de la piraterie, finirent par quitter le pays pour chercher fortune au loin. C'est l'époque des grandes migrations maritimes des peuples de l'Asie-Mineure.

Sous le roi Atys, fils de Manès, une famine cruelle désola toute la Lydie. Le peuple la supporta d'abord courageusement, mais ensuite comme elle persistait, il chercha des adoucissements ; chacun s'ingénia d'une manière ou d'autre. Ce fut alors que les Lydiens inventèrent les dés, les osselets et tous autres jeux de cette sorte. Voici comment ils les employèrent contre la famine : de deux journées, ils en passaient une tout entière à jouer, afin de ne point songer à prendre de nourriture ; pendant l'autre, ils suspendaient les jeux et mangeaient. Grâce à cet expédient, dix-huit années s'écoulèrent ; cependant le mal loin de cesser s'aggrava. Alors le roi fit du peuple deux parts, puis il tira au sort laquelle resterait, laquelle quitterait la contrée, se déclarant le chef de ceux qui demeureraient, et plaçant à la tête de ceux qui émigreraient son fils, nommé Tyrsénos. Ces derniers se rendirent à Smyrne, construisirent des vaisseaux, y mirent tout ce que requérait une longue navigation et voguèrent à la recherche d'une terre qui pût les nourrir. Ils côtoyèrent nombre de peuples ; finalement ils abordèrent en Ombrie (Italie), où ils bâtirent des villes. Ils changèrent leur nom de Lydiens pour prendre celui du fils de leur roi, et depuis lors, ils s'appelèrent Tyrséniens[1]. L'émigration dont parle Hérodote est exacte ; la découverte des monuments Tyrséniens ou Tyrrhéniens, en est une preuve évidente, mais cette émigration ne se fit pas en une seule fois, ni dans la seule direction de l'Italie. Elle se prolongea pendant près de deux siècles, du temps de Séti Ier au temps de Ramsès III, et porta sur les régions les plus diverses. On trouve, en effet, les pélasges tyrrhéniens à Imbros, à Lemnos, à Samothrace, dans les îles de la Propontide, à Cythère, et dans la Laconie. Vers la fin du règne de Séti Ier (19e dynastie), les Shardanes et les Tyrséniens débarquèrent sur la côte d'Afrique et s'allièrent aux Libyens. Comme ils ne vivaient que de brigan-

---

1. Hérodote, I, 94.

dages, Ramsès II (Sésostris), fils de Séti Ier, les attaqua, les battit, et les survivants retournèrent en Asie-Mineure, emportant un tel souvenir de leur défaite que l'Égypte fut à l'abri de leurs incursions pendant près d'un siècle. Sous le règne de Ménéphtah (Phéron d'Hérodote), successeur du grand Ramsès Méïamoun (Sésostris), les Tyrséniens et les Shardanes, grossis des Lyciens, des Achéens et des Shakalash, débarquèrent de nouveau sur la côte de Libye et furent encore battus[1]. Sous Ramsès III (20e dynastie), les Tyrséniens, les Danaens, les Teucriens, les Lyciens et les Philisti, tentèrent une autre expédition contre le Delta. Les uns montés sur des navires devaient attaquer les côtes; les autres devaient traverser la Syrie entière et assaillir les forteresses de l'isthme. Deux grands combats, l'un sur terre et l'autre sur mer, furent livrés à la fois sous les murs d'un château fort appelé la Tour de Ramsès III, près de Péluse. Ramsès fut vainqueur. Nous avons un magnifique récit de la bataille : « Les embouchures du fleuve étaient comme une mer puissante de galères, de vaisseaux, de navires de toute sorte, garnis de la proue à la poupe de vaillants bras armés. Les soldats d'infanterie, toute l'élite de l'armée d'Égypte, étaient là comme des lions rugissants sur la montagne; les gens de chars, choisis parmi les plus ra-

1. *Papyrus Anastasi*, II, p.IV, l. 4; pl. V, l. 4, Cf de Rougé; — Maspéro, *Hist. anc.*, p. 263.

pides des héros, étaient guidés par de nombreux officiers, sûrs d'eux-mêmes. Les chevaux frémissaient de tous leurs membres et brûlaient de fouler aux pieds les nations. Pour moi, dit Ramsès, j'étais comme Month le Belliqueux : je me dressai devant eux, et ils virent l'effort de mes mains. Moi, le roi Ramsès, j'ai agi comme un héros qui connaît sa valeur et qui étend son bras sur son peuple au jour de la mêlée. Ceux qui ont violé mes frontières ne moissonneront plus sur la terre, le temps de leur âme est mesuré pour l'éternité... Ceux qui étaient sur le rivage, je les fis tomber étendus au bord de l'eau, massacrés comme des charniers ; (je chavirai) leurs vaisseaux, leurs biens tombèrent dans les flots »[1]. Cette grande victoire fut décisive ; on ne vit plus les Shardanes, les Tyrséniens, les Lyciens, débarquer en masse sur les côtes d'Afrique. Le courant de l'émigration asiatique, tourné contre la vallée du Nil, pendant cent cinquante ans au moins, reprit sa route vers l'ouest et arriva en Italie à la suite des colonies phéniciennes. Les Tyrséniens prirent terre au nord de l'embouchure du Tibre ; les Shardanes occupèrent la grande île qui fut plus tard appelée Sardaigne. Il ne resta bientôt plus en Asie et en Égypte que le souvenir de leurs déprédations et le

1. Greene, *Fouilles à Thèbes*, 1855, Cf. de Rougé, *Athenæum Français*, 1855 ; Chabas, *Études sur l'antiquité historique*, p. 250-288 ; Maspéro, *Hist. anc.*, p. 263-264.

récit légendaire qui les avait conduits des côtes de l'archipel aux côtes de la Méditerranée occidentale[1]. Dans la mer Égée, les Sidoniens, au temps des Juges, virent leur colonisation arrêtée par l'envahissement des Grecs ; chassés de la Crète et des Cyclades, ils ne gardèrent plus que certains postes importants tels que Rhodes, Mélos, Thasos, Cythère, au débouché des grandes voies maritimes. Ils étendirent au loin le cercle de leur navigation ; de Grèce et d'Italie ils passèrent en Sicile ; puis à Malte et en Afrique. Kambé s'éleva sur l'emplacement où fut plus tard Carthage, et Utique non loin de là[2].

L'Égypte qui s'était si vaillamment défendue contre les envahisseurs venus par mer, ne put résister aux Assyriens qui en firent la conquête sous la dynastie des Sargonides, en l'an 672 avant J.-C. Sémiramis (1916-1874) avait créé la marine assyrienne. Quelques auteurs lui attribuent l'invention des galères et rapportent qu'elle en fit construire trois mille, armées d'éperons de cuivre, à la tête desquelles elle entreprit de soumettre les Indes. Les Assyriens exerçaient la suzeraineté sur la Phénicie d'où ils tiraient une quantité considérable d'ouvriers habiles et d'excellents marins qu'ils transportaient sur le golfe Persique qui baignait leur empire au sud. Tyr devenue « la reine de la mer » essaya bien de conquérir son indépendance, mais elle

1. Maspéro, *Hist. anc.*, p. 266.
2. Movers, *Die Phænizier*, t. II.

succomba sous les coups de Nabuchodonosor II, en
572. La ruine entière de la monarchie assyrienne
suivit de près celle de Tyr, et sur les débris de ce
vaste empire se fondèrent en Asie antérieure trois
grands États : la Perse et la Médie, la Chaldée et enfin
la Lydie.

La Lydie touchait aux nations indigènes de l'Asie-
Mineure et aux colonies grecques. Elle jeta un grand
éclat sous le règne du célèbre Crésus (568-554 avant
J.-C.). Ce prince avait réuni à ses États les côtes de
l'Asie-Mineure où se trouvaient les marins les plus
renommés, les Cariens et les Ioniens. Les aventureuses
expéditions de ces peuples qui avaient déjà sillonné
toute la Méditerranée, lui avaient inspiré l'idée de se
créer une marine pour étendre ses conquêtes sur les
îles. Tout était préparé pour la construction des navires, quand Bias de Priène, suivant les uns, ou
Pittacus de Mytilène, selon d'autres, vint à Sardes.
Crésus lui demanda ce qu'il y avait de nouveau en
Grèce; le philosophe lui répondit que « les Hellènes
» des îles réunissaient une cavalerie nombreuse pour
» envahir la Lydie. — Plût aux dieux, s'écria Crésus,
» que les Grecs, inhabiles dans l'art équestre, vinssent
» attaquer la cavalerie lydienne ! la guerre serait
» bientôt terminée. — C'est, répartit le philosophe,
» comme si les Lydiens, inexpérimentés dans la ma-
» rine, attaquaient les Grecs par mer ». Le roi, éclairé
par cette réponse, abandonna ses constructions na-

vales et contracta avec les Ioniens des îles des liens d'hospitalité [1]. Ce fut alors que brillèrent en Lydie les Grecs Thalès de Milet, Bias de Priène, Cléobule, Solon, Ésope, qui tous vécurent dans l'intimité de Crésus. Ce prince opulent et généreux consacra des offrandes somptueuses dans les différents temples de l'Hellade, dans celui d'Apollon Branchides, près de Milet, dans ceux d'Artémis à Éphèse et de Zeus Isménios à Thèbes de Béotie, dans le sanctuaire d'Apollon Delphien et dans celui du héros Amphiaraos [2]. On sait comment Crésus succomba sous les coups de Cyrus, le puissant monarque persan. La prise de Sardes fut un événement terrible pour le peuple grec. Sous la domination pacifique de Crésus, il s'était fait une fusion entre les différentes races; les haines de peuple à peuple s'étaient assoupies. L'émigration devant la conquête persane fut générale; elle se répandit en Grèce, dans les îles et jusque dans les Gaules.

Cyrus n'employa que des armées de terre. Xénophon, qui a écrit la vie de ce conquérant, dit bien qu'il se mit sur mer pour se rendre maître de Chypre et de l'Égypte, mais il n'entre point dans le détail de ces expéditions. Le défaut de forces navales mit des bornes à la puissance de ce roi qui fut souvent bravé par les insulaires grecs et ne put châtier les habitants

1. Hérodote, I, 27.
2. *Idem*, I, 46, 50,

des villes maritimes, parce que, à l'approche de ses
troupes, ils s'enfuyaient sur leurs vaisseaux. C'est ce
que firent les Phocéens, les premiers d'entre les Grecs
d'Ionie qui se soient adonnés à la navigation de long
cours et qui aient construit des vaisseaux à cinquante
rames pour parcourir l'Adriatique, la mer Tyrrhénienne et les côtes de l'Ibérie. Cyrus avait chargé son
lieutenant Harpagus de soumettre l'Ionie et d'assiéger
Phocée, la principale ville de la contrée. Les Phocéens,
se voyant près de tomber au pouvoir des Perses,
demandèrent un jour pour délibérer. L'ayant obtenu,
ils l'employèrent à embarquer leurs femmes, leurs
enfants, leurs meubles, les images de leurs dieux, et
firent voile pour l'île de Chio. Lorsque les Perses
entrèrent dans la ville, ils la trouvèrent complètement
déserte. Les Phocéens, n'ayant pu s'entendre avec
les habitants de Chio, résolurent de se retirer dans
l'île de Cyrnos (Corse), où depuis vingt ans ils
avaient bâti une ville nommée Alalia. Avant de
partir ils firent une descente à Phocée, surprirent la
garnison des Perses et l'égorgèrent. Ensuite, s'étant
rembarqués, ils jetèrent une masse de fer dans la mer
et jurèrent solennellement de ne retourner dans leur
patrie que lorsque cette masse de fer reparaîtrait et
flotterait sur l'eau. Mais, au moment où la flotte
mettait à la voile pour Cyrnos, plus de la moitié des
citoyens, attendris par l'aspect des lieux et le souvenir
de leurs anciens foyers, entraînés de nouveau par

l'amour de la patrie, violèrent leurs serments, retournèrent en arrière et rentrèrent à Phocée. Les autres arrivèrent à Alalia, y vécurent pendant cinq années, mais s'étant mis à exercer la piraterie dans le voisinage et à piller toutes les côtes, les Tyrrhéniens et les Carthaginois se réunirent contre eux et leur opposèrent soixante vaisseaux. Les Phocéens, de leur côté, formèrent les équipages de leurs navires au nombre de soixante, et rencontrèrent leurs adversaires dans la mer de Sardaigne. La bataille s'engagea, et les Phocéens remportèrent une victoire cadméenne [1], selon le mot d'Hérodote, car, quarante de leurs vaisseaux furent détruits et les vingt autres mis hors de service, leurs éperons étant mutilés. Les Phocéens qui tombèrent entre les mains des Carthaginois furent massacrés sans pitié. Les autres s'embarquèrent de nouveau avec leurs familles et abordèrent à Rhegium ; de là, s'étant rendus en Oenotrie, ils fondèrent la ville d'Hyéla [2]. Strabon complète le récit d'Hérodote en nous apprenant que les Phocéens continuant leurs pérégrinations vinrent sur les côtes méridionales de la Gaule et fondèrent Massalia (Marseille) [3].

Les habitants de Téos se dérobèrent par le même

---

[1]. Aussi funeste aux vainqueurs qu'aux vaincus. Allusion au combat d'Étéocle et de Polynice, descendants de Cadmus, qui périrent tous deux.

[2]. Hérodote, I, 163-167.

[3]. Strabon, IV, 179.

moyen à la fureur d'Harpagos, et s'enfuirent en Thrace où ils bâtirent la ville d'Abdère. Les Cauniens, les Cariens, les Lyciens et les Cnidiens furent soumis par le lieutenant de Cyrus.

Le règne de Cambyse (530-522 avant J.-C.) pesa sur les Grecs de l'Asie-Mineure par une demande incessante de recrues pour ses expéditions contre les rois d'Assyrie et d'Égypte. Les contingents tirés de Samos et de la Carie étaient surtout d'un grand avantage pour Cambyse qui trouvait dans ces populations autant de matelots habiles que d'intrépides soldats. C'est à leur tête qu'il vainquit Psamétik III, près de Péluse, s'empara de l'Égypte et fit une expédition en Éthiopie. Il voulut avec sa flotte faire la guerre aux Carthaginois, mais les Phéniciens refusèrent de combattre contre une de leurs colonies qu'ils s'étaient obligés par serment de protéger et de défendre. Ce refus sauva Carthage. Tout l'ancien monde oriental se trouva pour la première fois réuni sous un même sceptre.

Le successeur de Cambyse, Darius fils d'Hystape, favorisa la marine. On sait que sur ses ordres le Carien Scylax, qui avait fait dans sa jeunesse différentes excursions dans la Méditerranée, descendit l'Indus, déboucha dans la mer Érythrée, et arriva, après trente mois, dans un port du golfe Arabique, d'où sept cents ans auparavant, étaient partis les Phéniciens qui, sous Néko, avaient fait le tour de l'Afrique[1]. Ce voyage est resté célèbre dans les annales de la géographie. C'est aussi grâce à sa flotte puissante que Darius put établir, roi à Samos, Syloson[2], frère du célèbre Polycrate.

Hérodote raconte longuement[3] comment Darius fut amené à concevoir la conquête de la Grèce ; la fuite du médecin Démocédès qui trompa Darius pour revoir Crotone, sa patrie, et le désir d'Atossa, femme du monarque, d'avoir parmi ses esclaves des Lacédémoniennes, des Corinthiennes et des Athéniennes, ne sont, comme l'a très bien fait remarquer Duruy[4], que de puérils incidents. Le fait certain c'est que Darius chargea Démocédès et plusieurs personnages considérables parmi les Perses, de parcourir toutes les côtes de la Grèce. Démocédès et ses compagnons partirent pour Sidon où ils équipèrent deux trirèmes et un vaisseau marchand plein d'objets précieux, ce qui prouve bien que cette mission n'était pas envoyée dans un but hostile. Ils firent voile pour la Grèce, ne s'écartèrent point des côtes qu'ils observèrent et décrivirent, comme Scylax l'avait fait en Asie. Ils en avaient vu la plus grande partie et les lieux les plus renommés, quand ils abordèrent à Tarente, en Italie. Aristophilide, roi des Tarentins,

1. Hérodote, IV, 44.
2. *Idem*, III, 140-149.
3. *Idem*, III, 132-138.
4. *Histoire grecque*.

d'intelligence avec Démocédès, enleva les gouvernails des navires et retint les Perses à titre d'espions. Démocédès se retira à Crotone, et Aristophilide qui n'avait plus de prétexte pour garder les Perses, les renvoya avec un seul vaisseau. Ceux-ci, brûlant du juste désir de se venger, allèrent à Crotone dans le dessein d'enlever le traître Démocédès. Les Crotoniates s'y opposèrent, maltraitèrent les Perses qui furent jetés ensuite avec leur vaisseau en Iapygie où ils tombèrent en esclavage. Gillus, un exilé tarentin, les délivra et les ramena en Perse où ils rendirent compte à Darius de la perfidie de Démocédès et des Grecs.

Darius jugea les Grecs indignes de sa vengeance. Il méditait du reste une grande entreprise contre les hordes menaçantes de la Scythie. En effet, après des préparatifs immenses, il franchit le Bosphore avec 800,000 hommes, soumit la côte orientale de la Thrace et passa le Danube sur un pont de bateaux construit par les Ioniens. Pendant qu'il pénétrait victorieusement au cœur même de la Russie, les Scythes engagèrent les Ioniens, commis à la garde du pont, à le rompre et à reconquérir leur liberté. Miltiade, tyran de Chersonèse, voulait qu'on suivit le conseil ; Histiée de Milet s'y opposa, et son avis prévalut. Darius, revenu sain et sauf, rentra en Asie, après avoir laissé une partie de son armée qui soumit les tribus turbulentes de la Thrace et força le roi de Macédoine à se reconnaître tributaire [1].

L'expédition de Scythie, malgré l'opinion d'un grand nombre d'historiens, fut bien conçue et bien menée. Les Perses y gagnèrent la Thrace et surtout le respect des Scythes qui ne franchirent plus désormais les frontières de l'Empire. Darius fit peut-être reculer de plusieurs siècles les invasions des Barbares.

Une paix profonde régna pendant quelques années après cette grande expédition. La révolte d'Ionie vint la troubler pour toujours et commencer la lutte entre la Grèce et la Perse. Les Athéniens, séduits par les discours de l'ambitieux Aristagoras de Milet, qui avait fomenté cette révolte, envoyèrent vingt navires pour seconder les Ioniens. Ces vaisseaux furent, de l'aveu même d'Hérodote [2], l'origine des malheurs des Grecs et des Perses. Cinq trirèmes d'Érétrie se joignirent à la flotte des Athéniens. Les alliés entrèrent dans les eaux d'Éphèse, débarquèrent, et, après avoir remonté le Caïstre, surprirent Sardes, la pillèrent et la réduisirent en cendres. Après cet exploit de pirates, les Athéniens remontèrent sur leurs vaisseaux et retournèrent en Grèce, laissant leurs alliés se tirer comme ils pourraient du mauvais cas où ils s'étaient mis. Lorsque Darius ap

---

1. Hérodote, IV.
2. *Idem*, V, 97 et suiv

prit la destruction de Sardes, il lança une flèche vers le ciel, en conjurant Dieu de lui donner les moyens de se venger des Athéniens, et commanda à l'un de ses serviteurs de lui répéter chaque soir, à l'heure de son souper : « Maître, souvenez-vous des Athéniens. » Les Ioniens soutinrent la lutte et entraînèrent dans leur mouvement toutes les villes de l'Hellespont et de la Propontide avec Chalcédoine et Byzance, les Cariens et l'île de Chypre, peuples qui aspiraient à l'indépendance pour reprendre leurs anciennes habitudes de piraterie. Histiée de Milet, qui avait sauvé Darius pendant l'expédition de Scythie se révolta aussi à cause de sa parenté avec Aristagoras. Les Mityliniens lui donnèrent huit vaisseaux avec lesquels il s'installa à Byzance, faisant le métier de corsaire, capturant tous les navires qui ne voulaient pas lui obéir, pillant et dévastant les contrées voisines. Pris par les Perses dans une descente sur les côtes d'Asie, il fut mis en croix. Darius oubliant la révolte d'Histiée, réprimanda ses généraux d'avoir fait périr un homme qui lui avait été si utile quelques années auparavant.

Les Ioniens, rassemblés au Panionium, décidèrent qu'on n'opposerait point d'armée aux Perses qui allaient attaquer Milet, mais qu'on réunirait toute la flotte à Lada [1]. Peu de temps après, l'escadre confé-

1. Îlot devant Milet.

dérée se trouva réunie. Chio fournit 100 vaisseaux, Lesbos 70, Samos 60, Milet 80, d'autres villes 43, en tout 353 trirèmes. Les Perses en avaient 600, mais, malgré la supériorité du nombre, ils n'osaient attaquer. Denys le Phocéen, qui se trouvait dans la flotte grecque avec ses vaisseaux, fit comprendre aux alliés qu'une discipline rigoureuse et une grande habitude des manœuvres leur assurerait le succès, et, pendant sept jours, il dressa les matelots à manier la rame, à faire toutes les évolutions et tous les exercices nécessaires soit pour l'attaque soit pour la défense. Mais, au bout de ce temps, les Ioniens efféminés se lassèrent, refusèrent d'obéir, descendirent à terre et y dressèrent des tentes. La trahison se glissa bientôt parmi eux; les Phéniciens à la tête de la flotte persane surprirent les Ioniens; les Samiens et les Lesbiens firent défection, et la flotte grecque fut battue malgré le courage héroïque des marins de Chio, et malgré la valeur de Denys qui prit trois galères ennemies. Voyant ruinées les affaires de la confédération, Denys fit voile audacieusement vers la Phénicie, coula des vaisseaux de transport, s'empara de richesses considérables et gagna la Sicile. Il passa le reste de sa vie dans ces parages, exerçant la piraterie, jamais contre les Grecs, mais contre les Phéniciens, les Tyrrhéniens et les Carthaginois[1].

1. Hérodote, vi, 7-17.

Les Perses surent profiter de la victoire ; leur flotte soumit l'Ionie, Chio, Lesbos, Ténédos et les peuples de l'Hellespont. Darius tourna alors ses armes contre les Athéniens et donna le commandement de sa flotte à son gendre, Mardonius. Pendant que cette flotte longeait les rives de la Macédoine, elle fut assaillie par une tempête furieuse qui jeta à la côte et brisa trois cents vaisseaux. Ce désastre ne découragea pas Darius qui voulait tirer des Athéniens une vengeance éclatante. Il mit en mer 600 trirèmes sur lesquelles il embarqua 200,000 fantassins et 10,000 cavaliers. Cette flotte sous les ordres de Datis et d'Artapherne se rendit en Ionie. De là, elle ne vogua pas droit vers l'Hellespont et la Thrace en côtoyant le continent, mais elle partit de Samos et prit par la mer Ionienne à travers les îles, afin d'éviter le mont Athos. Au sortir de cette mer, les Perses ravagèrent Naxos et les îles voisines, firent une descente dans l'Eubée, à Érétrie, et se dirigèrent enfin vers l'Attique, où ils débarquèrent leurs nombreuses troupes dans la plaine de Marathon.

J'ai cru devoir pousser jusqu'à ce point la recherche de l'origine des guerres Médiques, ne trouvant pas le sujet étranger à la piraterie que j'ai toujours entendue dans un sens large et conforme aux données de l'histoire. On peut voir par le récit que j'ai présenté que ce n'est pas l'ambition seule des Perses qui leur fit rêver la conquête de la Grèce. Dans ces antiques époques, les Grecs étaient loin d'être dans ce magnifique épanouissement de civilisation que l'on a toujours, et peut-être un peu trop, devant les yeux, aussitôt que l'on évoque quelques souvenirs de leur histoire. La Grèce était un pays pauvre, ainsi que toutes les régions de l'Europe occidentale, à l'exception de quelques rares colonies ; cette proie ne devait que fort peu tenter la cupidité des opulents monarques de l'Orient. Les peuples de l'Asie étaient bien plus avancés que les Grecs dans la civilisation ; ils étaient au sommet de l'échelle du progrès lorsque la Grèce n'avait pas encore seulement mis le pied sur les premiers degrés. Cela est si vrai que ce furent ceux que les Grecs appelaient des « barbares » qui les initièrent aux études scientifiques et au culte des beaux-arts. J'ai rapporté, en effet, ce que les rois d'Égypte, et Crésus, roi de Lydie, firent pour les Grecs.

Les Grecs étaient en pleine discorde lorsqu'ils reçurent l'ambassade du grand roi. Athènes et Égine se livraient une guerre acharnée ; une haine féroce existait entre les Doriens et les Ioniens ; dans les îles et sur le continent, c'étaient autant de petites républiques qui se disputaient la prépondérance, et qui toutes exerçaient, à l'aide d'une petite flotte, la piraterie dans leurs parages, pillant, dévastant, brûlant de tous côtés. Les naufragés eux-mêmes n'étaient pas à l'abri de la rapacité des peuplades maritimes de la Grèce ; ce ne fut que bien plus tard que, grâce aux progrès de l'humanité, un naufragé put invoquer une sorte de droit inviolable en s'écriant, comme dans Euripide :

« Ναυηγὸς ἥκω ξένος, ἀσύλητον γένος. »
Je suis un naufragé, ne me dépouillez pas [1].

Autant, si ce n'est plus peut-être, qu'à l'époque de la guerre romaine contre les pirates, les côtes et la mer étaient infestées de corsaires ; la raison en est que, dans ces temps, on ne connaissait aucun droit public ; la loi du plus fort était la seule du genre humain. Des actes de piraterie et de brigandage de la part des Grecs contre les Perses, et entre autres, l'expédition des Athéniens contre Sardes, furent surtout la cause principale de l'invasion de la Grèce. Ce ne fut qu'avec la marche de la civilisation que la piraterie générale de peuple à peuple fit place aux guerres régulières. La lutte entre la Grèce et la Perse, à partir du jour où l'armée de Darius envahit la Grèce, appartient à cette dernière catégorie, et, à ce titre, elle ne peut rentrer dans notre sujet.

1. Euripide, *Hélène*, v. 449.

CHAPITRE IX

LA GRÈCE APRÈS LES GUERRES MÉDIQUES.

Les temps qui suivirent les guerres médiques présentent un même caractère ; il est souvent fort difficile de distinguer la piraterie de l'état de guerre. Le peuple athénien qui avait triomphé à Marathon, à Salamine, à Mycale, et qui devait à sa flotte la conservation de la patrie, résolut de conquérir l'empire de la mer. Athènes fut relevée et entourée de murs ; sur l'avis de Thémistocle, on bâtit le Pirée, le plus beau port de la Grèce, et on prit la résolution de construire vingt et un navires tous les ans. On accorda des immunités et des privilèges à tous les habitants qui voudraient travailler dans l'arsenal ; on attira aussi une infinité d'ouvriers habiles en leur promettant des récompenses. Enfin Thémistocle fit élever une muraille qui, dans un circuit de 60 stades, embrassait les ports du Pirée, de Phalère et de Munychie, les mettant ainsi à l'abri d'un coup de main. C'était la jeunesse d'Athènes qui gardait le Pirée pour le préserver des attaques des ennemis et des pirates. Athènes remit le commandement de ses flottes à Cimon, fils de Miltiade, qui entreprit une expédition contre les pirates de l'île de Scyros, au nord de l'Eubée. Cette île, à l'aspect sauvage et âpre, et dont les côtes sont fort découpées, était habitée par les Dolopes, gens peu entendus dans la culture de la terre et qui de tout temps exerçaient la piraterie. Ils dépouillaient même ceux qui abordaient chez eux pour y trafiquer. Des marchands thessaliens qui étaient à l'ancre à Ctésium, un des ports de Scyros, furent pillés et jetés en prison. Les captifs étant parvenus à rompre leurs chaînes et à s'évader allèrent dénoncer cette violation du droit des gens aux Amphictyons. La ville fut condamnée à dédommager les marchands des pertes qu'ils avaient subies. Le peuple refusa de contribuer sous prétexte que l'indemnité devait être payée par ceux qui avaient pillé les marchands. Les corsaires qui craignaient d'être forcés à s'exécuter avertirent Cimon et le pressèrent de venir avec sa flotte prendre possession de la ville qu'ils promettaient de lui remettre entre les mains. Cimon accourut, s'empara de l'île et en chassa les Dolopes. Pendant son séjour à Scyros, Cimon rechercha et découvrit les restes de Thésée qui furent rapportés en grande pompe à Athènes et placés dans l'admirable temple funéraire, en marbre pentélique, qui est le monument de l'ordre dorique le plus pur et sans contredit le mieux conservé non seulement de tous les temples d'Athènes et de la Grèce, mais encore de tous ceux de la Sicile et d'Italie.

Les Athéniens, se sentant fortement organisés, se livrèrent à l'ambition la plus effrénée. Après la défaite des Perses, Aristide avait été chargé de rédiger les stipulations d'alliance et de régler les obligations entre tous les Grecs du continent et des îles. Il reçut le serment des Grecs, et il jura lui-même, au nom des Athéniens; en prononçant les malédictions contre les infracteurs du serment, il jeta dans la mer des masses de fer ardentes [1]. Mais, malgré de si solennels engagements, les Athéniens furent les premiers qui se rendirent coupables d'infractions manifestement contraires au traité.

Sous prétexte d'exercer l'empire de la mer, Athènes commit des actes de piraterie et de brigandage vraiment odieux dans les entreprises contre les Carystiens de l'Eubée et surtout contre l'île de Naxos. En parlant de cette dernière, Thucydide s'exprime ainsi : « C'est la première ville alliée qui, au mépris » du droit public, ait été subjuguée [2]. » Après une longue résistance, les Naxiens furent vaincus, perdirent leur marine et virent raser leurs murs. Pendant le siège de Naxos, arriva dans le port le vaisseau qui portait en Asie Thémistocle proscrit. Le vent

1. Plutarque, *Vie d'Aristide*.
2. Thucydide, I, 98, 137.

était violent ; le pilote voulait jeter l'ancre pour attendre que la mer se calmât. Thémistocle se découvrit alors aux matelots, leur montra le danger qu'il courait si les Athéniens s'apercevaient de sa présence et les décida à remettre à la voile. Le grand roi fut plus généreux pour le vainqueur de Salamine que l'ingrate patrie que Thémistocle avait sauvée ! Athènes envoya dans l'île de Naxos des colons qui reçurent des terres en partage et qui furent chargés de maintenir les habitants dans l'obéissance.

Cimon engagea les Athéniens à s'illustrer par des exploits plus dignes de leurs armes. Avec trois cents vaisseaux, il cingla du côté de la Carie et de la Lycie, et fit soulever ces provinces contre les Perses qui en furent chassés. Après ce premier succès, il grossit son armée navale de nouveaux renforts, bat complètement la flotte persane à l'embouchure de l'Eurymédon, débarque et remporte une grande victoire sur terre. Double triomphe dans la même journée (466 av. J.-C.) ! Il remet à la mer, rencontre quatre-vingts vaisseaux phéniciens venant au secours des Perses dont ils ignorent la défaite ; il les attaque et les prend. Poursuivant sa course, Cimon chasse les Perses de la Chersonèse de Thrace, de là, tourne vers l'île de Thasos, attaque les habitants qui voulaient conserver leur indépendance, leur prend trente vaisseaux, emporte d'assaut leur ville, acquiert aux Athéniens les mines d'or du continent voisin et s'em-

pare de tous les pays qui étaient sous la puissance de Thasos [1]. Athènes eut alors l'empire de la mer. De grandes expéditions furent encore entreprises contre les Perses, Cimon fut toujours vainqueur, et mourut plein de gloire au siège de Citium, dans l'île de Chypre (449 av. J.-C.). Personne autant que Cimon, dit Plutarque, ne rabaissa et ne réprima la fierté du grand roi. Un traité de paix fut conclu aux conditions suivantes : « Les colonies grecques d'A-
» sie seront indépendantes de la Perse. Les armées
» du grand roi n'approcheront pas à la distance d'au
» moins trois journées de marche de la côte occi-
» dentale. Aucun navire de guerre persan ne se mon-
» trera entre les îles Khélidoniennes et les roches
» Cyanées, c'est-à-dire depuis la pointe est de la Ly-
» cie jusqu'à l'entrée du Bosphore de Thrace. »

Depuis longtemps déjà, les confédérés s'étaient déclarés fatigués de tant d'expéditions, ils jugeaient la guerre inutile depuis que les Perses s'étaient retirés et ne venaient plus les inquiéter ; ils n'avaient d'autre désir que de cultiver leur terre et de vivre en repos ; ils n'équipaient plus de navires et n'envoyaient plus de soldats. Les Athéniens les contraignirent à exécuter les traités : ils traînaient devant les tribunaux ceux qui n'obéissaient pas à leurs injonctions, les faisaient condamner à des amendes et

---

1. Plutarque, *Vie de Cimon*.

rendaient odieuse et insupportable l'autorité de la république. Les entreprises d'Athènes contre Naxos et contre Thasos avaient soulevé contre elle la colère de Sparte ; un tremblement de terre qui détruisit cette ville (465 av. J.-C.) empêcha la guerre du Péloponèse d'éclater à cette époque. La ruine d'Égine, « la paille de l'œil du Pirée », l'incendie de Gythion, le port de Sparte, la conquête de Naupacte et de Mégare, celle de Samos, la répression de l'Eubée, la guerre de Corcyre, l'envahissement enfin toujours croissant des Athéniens, armèrent contre eux tout le Péloponèse, et alors commença la cruelle guerre de vingt-sept ans entre les Grecs (431-404 av. J.-C.). Dans cette lutte si sanglante, si implacable, la guerre régulière remplaça la piraterie ; ce fut un progrès au point de vue du droit public, mais la civilisation n'y eut rien à gagner. Incendies, pillages, révoltes des esclaves, trahisons, séditions fratricides et impitoyables entre le parti démocratique et le parti aristocratique, massacres, et, pour comble de malheur, comme si la nature elle-même eût voulu concourir au bouleversement et à la ruine de la Grèce, des tremblements de terre et la peste, voilà le tableau horrible que présente cette guerre. Certains récits de Thucydide soulèvent le cœur, et nulle page d'histoire n'est peut-être plus terrible à lire que celle dans laquelle ce grand écrivain raconte le sort des prisonniers Corcyréens que l'on sortait vingt par vingt de leur prison, comme pour les mener devant des juges, et que la populace massacrait après leur avoir fait subir mille tortures. Ceux qui étaient restés dans la prison, instruits du sort qui les attendait, refusèrent de sortir quand leur tour fut venu ; alors le toit fut enlevé et les malheureux furent accablés de flèches et de tuiles. Comme la mort était trop lente à venir, ils se tuaient eux-mêmes avec les traits qu'on leur lançait et s'étranglaient avec des cordes ou avec leurs manteaux déchirés [1].

Profitant de la guerre civile, les Perses intervinrent dans les affaires de la Grèce. Le traité de 449, resplendissant de la gloire grecque, fut rompu dès que l'on apprit en Orient le désastre des Athéniens en Sicile (413 av. J.-C.). Les satrapes de Mysie et de Lydie reçurent l'ordre de réclamer le tribut aux villes grecques de la côte et de traiter à tout prix avec les Lacédémoniens. Sparte accepta l'alliance qui s'offrait à elle, et dès lors, les différents États de la Grèce ne furent plus que des jouets dans la main du grand roi et de ses agents. L'intervention du jeune Cyrus donna à Sparte un appui si efficace qu'en deux ans la guerre fut terminée à l'avantage des Péloponésiens par la bataille décisive d'Ægos-Potamos (405 av. J.-C.). L'île d'Égine, enlevée aux Athéniens, devint un centre d'opérations maritimes contre l'Atti-

---

1. Thucydide, IV, 47, 48.

que. Protégés par la puissance de Sparte, les corsaires de cette île firent la course contre les navires d'Athènes, et allèrent enlever jusque dans le Pirée les trirèmes, les vaisseaux de commerce et les barques des pêcheurs.

CHAPITRE X

I

DE L'EMPIRE DE LA MER EXERCÉ PAR ATHÈNES.

La guerre du Péloponèse fit perdre à Athènes, l'empire de la mer. Il me reste à le bien caractériser. On pourrait croire qu'au siècle de Périclès, à l'époque du complet épanouissement de la civilisation hellénique, la piraterie n'existait plus, mais il n'en était rien. Si, en dehors des preuves que j'ai données, on ouvre Xénophon, on est frappé du tableau qu'il fait de la république athénienne : « Le grand avantage
» que la ville d'Athènes a sur ses rivales, c'est d'ê-
» tre maîtresse de la mer, ce qui lui permet de pou-
» voir ravager les campagnes de peuples plus puis-
» sants. Les maîtres de la mer, en effet, sont libres
» d'aborder sur des côtes où il n'y ait que peu ou
» point d'ennemis, sauf à se rembarquer et à pren-
» dre le large si l'ennemi paraît : ces sortes de des-
» centes sont moins périlleuses que les irruptions de
» terre. Les rois de la mer peuvent s'éloigner de

» leurs rivages autant qu'il leur plaît, mais ceux qui
» dominent sur terre peuvent à peine perdre de vue
» leurs possessions. Outre qu'une armée de terre est
» lente dans sa marche, elle ne peut avoir des provi-
» sions pour longtemps ; d'ailleurs il lui faut traver-
» ser un pays ami ou s'ouvrir un passage les armes
» à la main. Dans une expédition maritime, au con-
» traire, est-on supérieur en forces, on débarque,
» plus faible, on côtoie les rivages, jusqu'à ce qu'on
» arrive chez un peuple ami ou incapable de résister.
» Partout les souverains de la mer peuvent aborder
» et causer du dommage aux habitants [1]. » Après
avoir fait cet éloge de la piraterie exercée par un état
puissant, Xénophon ajoute qu'un seul avantage
manque aux Athéniens : « Si avec leur supériorité
» sur mer, ils demeuraient dans une île, ils pour-
» raient quand ils voudraient, faire des courses sans
» crainte de représailles, du moins tant qu'ils possé-
» deraient l'empire maritime ; ils ne verraient ni
» leur territoire saccagé, ni l'ennemi dans l'enceinte
» de leurs murs, au lieu que les cultivateurs et les
» riches sont bien plus exposés à la merci des enne-
» mis [2]. »

Ainsi, comme on le voit par cette importante citation prise dans les œuvres d'un philosophe politique,

---

1. Xénophon, *République d'Athènes*.
2. *Idem.*

l'empire de la mer dans l'antiquité consistait, pour Athènes même, la ville civilisée par excellence, à exercer la piraterie et à faire des courses sans crainte de représailles. Il n'y a pas lieu de s'étonner de ces mœurs publiques ; le droit des gens n'existait pas, la loi du plus fort, comme je l'ai déjà dit, était la seule du genre humain. L'affaire de Mélos en est une preuve éclatante : ancienne colonie lacédémonienne, Mélos refusa de reconnaître la suprématie d'Athènes. Nicias y fit une descente, au début de la guerre du Péloponèse, et ravagea l'île sans pouvoir prendre la place. En 416, les Athéniens y renvoyèrent une flotte de trente-huit galères et une armée de trois mille hommes. Avant d'entamer les hostilités, une conférence eut lieu entre les généraux Athéniens et les Méliens. On la trouve entièrement rapportée dans Thucydide : « Pour donner le meilleur tour possible
» à notre négociation, disent les Athéniens, partons
» d'un principe dont nous soyons vraiment convain-
» cus les uns et les autres, d'un principe que nous
» connaissons bien, pour l'employer avec des gens
» qui le connaissent aussi bien que nous ; c'est que
» les affaires se règlent entre les hommes par les
» lois de la justice, quand une égale nécessité les
» oblige à s'y soumettre, mais que ceux qui l'empor-
» tent en puissance font tout ce qui est en leur pou-
» voir et que c'est au faible à céder. Nous croyons
» d'après l'opinion reçue, disent-ils plus loin, que

» les dieux, et nous savons bien clairement que les
» hommes, par la nécessité de la nature, dominent
» partout où ils ont la force. Ce n'est pas une loi
» que nous ayons faite, ce n'est pas nous qui les pre-
» miers nous la sommes appliquée dans l'usage,
» nous en profitons et la transmettons aux temps à
» venir : nous sommes bien sûrs que vous, et qui
» que ce fût, avec la puissance dont nous jouissons,
» vous tiendriez la même conduite [1]. » La théorie de
la force primant le droit, dit à ce propos Duruy, a
été rarement exprimée d'une manière aussi nette [2].
« Nous la transmettons aux âges à venir », procla-
maient les Athéniens, et, en effet, cette triste théorie s'est perpétuée à travers les âges, et nous en
avons été nous-mêmes les victimes! Après ces pour-
parlers inutiles, le siège commença ; les Méliens furent obligés de se rendre à discrétion. On délibéra
dans Athènes sur leur sort, et l'assemblée du peuple,
réalisant les effroyables théories émises dans la conférence, condamna tous les Méliens à mort. Ce fut
Alcibiade qui fit passer cet horrible décret. Tous les
habitants de Mélos furent massacrés, à l'exception
des femmes et des enfants qui furent traînés en esclavage dans l'Attique.

1. Thucydide, v, 85.
2. *Histoire grecque.*

II

ORGANISATION DE LA MARINE ATHÉNIENNE.

Les Athéniens furent, parmi les peuples de la Grèce, celui qui eut la plus puissante organisation maritime. De toutes leurs charges, la plus onéreuse était celle de la marine. Les galères furent d'abord armées par les plus riches particuliers. Il parut ensuite une loi qui, conformément au nombre des tribus, partageait en dix classes, de cent vingt citoyens chacune, tous ceux qui possédaient des terres, des fabriques, de l'argent placé dans le commerce. Comme ils tenaient entre leurs mains presque toutes les richesses de l'Attique, on les obligeait à entretenir et à augmenter au besoin les forces navales de l'État. Quand un armement était ordonné, chacune des dix tribus faisait lever dans son district autant de talents qu'il y avait de galères à équiper, et les exigeait d'un pareil nombre de compagnies, composées quelquefois de seize de ses contribuables. Les sommes perçues étaient distribuées aux *triérarques,* capitaines de vaisseau. On en nommait deux pour chaque galère, et leur pouvoir durait une année Συντριηραρχοί. Ils s'arrangeaient entre eux pour faire le service ; la plupart du temps chacun d'eux servait six mois. Ils recevaient de l'État le navire, les agrès et la solde de l'équipage, et ils fournissaient tout le reste. La loi, dont nous ne connaissons pas les termes, disait comment les comptes seraient réglés entre le triérarque entrant et le triérarque sortant, au moment de la reprise du service.

Cette organisation était défectueuse en ce qu'elle rendait l'exécution très lente, en ce que l'inégalité des fortunes n'était pas prise en considération, car les plus riches ne contribuaient quelquefois que dans une infime proportion à l'armement d'une galère. Démosthène fit passer un décret qui rendit la perception de l'impôt plus facile et plus conforme à l'équité : tout citoyen dont la fortune était de dix talents (48,395 fr.) devait au besoin fournir à l'État une galère ; il en fournissait deux s'il avait vingt talents ; mais, quelque considérable que fût sa fortune, on n'exigeait de lui que trois galères et une chaloupe. Les citoyens qui avaient moins de dix talents se réunissaient pour contribuer d'une galère.

L'équipage d'une galère se composait de trois éléments : 1° les rameurs, ναῦται, pour la solde desquels l'État remettait des fonds aux triérarques ; 2° les matelots, ὑπηρέται, qui étaient au choix et à la charge des triérarques ; 3° enfin, les soldats de marine, ἐπιβάται. D'après les calculs faits par Bœckh sur de nombreux textes épigraphiques, une galère athénienne était montée par environ 170 rameurs, 56 en moyenne sur chaque banc [1]. Les apostoles, Ἀποστολεῖς, veillaient à ce que la flotte fût promptement armée; ils pouvaient faire mettre en prison les triérarques qui ne s'acquittaient pas à temps de leurs obligations. Quand une expédition maritime était ordonnée, le peuple d'Athènes insérait ordinairement dans son décret la promesse d'une couronne pour celui des triérarques qui aurait le premier amené sa galère au pied du môle. Les commandants des galères qui cherchaient à se distinguer de leurs rivaux ne négligeaient rien pour avoir les bâtiments les plus légers et les mieux ornés et les meilleurs équipages; ils augmentaient quelquefois à leurs dépens la paye des matelots. Cette émulation, excitée par l'espoir des honneurs et des récompenses, était très avantageuse dans un État dont la moindre guerre épuisait le trésor.

Souvent aussi les flottes répandaient la désolation sur les côtes ennemies, et, revenant chargées de butin, rapportaient plus qu'elles n'avaient coûté. Lorsqu'elles pouvaient s'emparer du détroit de l'Hellespont [2], elles exigeaient de tous les vaisseaux qui faisaient le commerce du Pont-Euxin le dixième des

1. Boeckh, *Attisches Seewesen*, p. 120.
2. Xénophon, *Helléniques*, i.

marchandises qu'ils portaient, et cette contribution forcée servait à indemniser en partie la République des dépenses qu'elle avait faites [1].

[1]. Voir au sujet de l'organisation de la marine athénienne : *Plaidoyers civils* de Démosthène, *Apollodore contre Polyclès et pour la couronne triérarchique* ; — Thucydide, VI, 31 ; — Barthélemy, *Voyage d'Anacharsis*, chap. LVI.

CHAPITRE XI

LA PIRATERIE A L'ÉPOQUE DE PHILIPPE II ET D'ALEXANDRE LE GRAND.

La Macédoine, a dit Montesquieu, était presque entourée de montagnes inaccessibles ; les peuples en étaient très propres à la guerre, courageux, industrieux, obéissants, infatigables, et il fallait bien qu'ils tinssent ces qualités du climat, puisque encore aujourd'hui les hommes de ces contrées sont les meilleurs soldats de l'empire des Turcs [1].

Philippe II (359-336 av. J.-C.) fut le premier roi de Macédoine qui organisa, au milieu d'immenses difficultés, la puissance de son royaume. Un cercle d'ennemis entourait la Macédoine, et les déchirements intérieurs ouvraient la porte aux étrangers. Philippe s'attacha les Macédoniens en les unissant sous une forte discipline ; au dehors, il repoussa les Péoniens, les Illyriens et les Thraces et leur imposa des tributs. Puis, se trouvant trop resserré dans les

---

1. *Grandeur des Romains*, v.

bornes étroites de son royaume, il voulut l'agrandir sur les débris de la Grèce, et comprit que pour parvenir à son but il lui fallait une marine.

A cette époque, la mer Égée était le théâtre de brigandages incessants ; Athènes ruinée avait perdu l'empire de la mer. Alexandre, tyran de Phères, était, au dire de Xénophon [1], un voleur de grands chemins et pirate sur mer. A la tête de la première flotte que les Thébains équipèrent, Alexandre battait une escadre athénienne et entrait au Pirée. Continuant ses exploits, il pillait Ténos, en vendait les habitants et ravageait les Cyclades. Grâce à la confusion qui existait dans les affaires de la Grèce, les pirates reparaissaient de tous côtés, et lorsqu'ils s'étaient enrichis, pour faire une fin, ils conquéraient quelque ville et s'y déclaraient tyrans. Ce fut ainsi qu'un ancien pirate du nom de Charidémos s'empara sur les côtes d'Asie de Scepsis, de Cébren, d'Ilion, et y régna. Philippe trouva le moment opportun pour s'emparer de l'empire de la mer. Pour réussir dans son projet, mais sous prétexte de nettoyer les mers des pirates qui les infestaient, il équipa une flotte et fit construire des arsenaux où ses officiers exerçaient matelots et pilotes. Il occupa Pydna, sur le golfe Thermaïque, puis Amphipolis qui, par sa position aux bouches du Strymon, ouvrait ou fermait la mer à la

---

1. *Helléniques*, VI, 4.

Macédoine. Cependant il crut devoir tout d'abord rechercher l'alliance des Athéniens, et leur proposa, en effet, de réunir leurs vaisseaux aux siens pour chasser les corsaires qui troublaient la liberté de la navigation. On fit voir aux Athéniens que Philippe voulait se servir d'eux contre eux-mêmes, qu'à la faveur de cette confédération, il irait suborner leurs alliés, pour les gagner à force d'argent et de promesses, et visiter leurs îles dans le dessein de s'en rendre maître.

Philippe, voyant ses projets découverts, poussa ses conquêtes par terre. Il prit la ville d'Olynthe, malgré le secours de trente vaisseaux envoyés par les Athéniens sur les exhortations de Démosthène. Il sut profiter habilement des divisions qui avaient armé les villes de la Grèce les unes contre les autres, pour étendre sa puissance. Il ne perdit point de vue sa marine et chercha des places plus avantageuses pour l'établir. Il se fixa sur Héraclée et sur Byzance, deux villes qui lui paraissaient bien situées pour les expéditions navales qu'il méditait. Il en fit le siège, mais Démosthène décida les Athéniens à envoyer aux Byzantins, leurs alliés, un secours de cent vingt galères sous le commandement de Phocion, renforcées encore des vaisseaux de Chio, de Rhodes et d'autres îles. Cette flotte obligea Philippe à lever le siège et à se retirer après avoir perdu la plus grande partie de ses navires.

Ces expéditions malheureuses avaient épuisé les finances du roi de Macédoine. Pour les réparer, il fit le métier de pirate [1]. Il courut les mers avec ses vaisseaux et enleva ainsi cent soixante-dix bâtiments chargés de marchandises dont le butin lui fut d'une grande ressource pour continuer la guerre. Les îles de Thasos et de Halonèse tombèrent en son pouvoir. Il ruina le commerce de toutes les Cyclades, prit et livra au pillage un grand nombre de villes, fit vendre à l'encan les femmes et les enfants, et n'épargna ni les temples, ni les édifices sacrés. De la Chersonèse, il passa en Scythie pour la ravager et couvrir les frais d'une guerre par les profits d'une autre, comme pourrait le faire un marchand.

Pendant les conquêtes d'Alexandre le Grand, fils de Philippe de Macédoine, les corsaires ne cessèrent pas d'écumer la mer et de commettre mille ravages sur les côtes et dans les îles. Les Perses qui avaient une marine beaucoup plus forte que celle des Macédoniens, encourageaient eux-mêmes la piraterie et le pillage des établissements grecs. Après la défaite de Darius et la ruine de Tyr, la grande ville phénicienne, Alexandre se fit un devoir de rétablir la sécurité sur la Méditerranée. Il chargea ses amiraux Amphotère et Égéloque de nettoyer la mer et d'im-

---

1. Justin, IX ; — Diodore de Sicile, XVI, 8 ; — Démosthène, *Olynth.* II, *Phil.*, I, 46.

poser sa domination dans les îles. Le grand conquérant remplissait ainsi le rôle du vieux Minos. Partout les pirates furent traqués, pris et envoyés au supplice. Le plus célèbre corsaire de cette époque, Dionides, fut fait prisonnier. On le conduisit devant Alexandre qui lui demanda pourquoi il s'était arrogé ainsi l'empire de la mer. « Pourquoi saccages-tu toi-
» même toute la terre? répondit Dionides. — Je suis
» roi, dit Alexandre, et tu n'es qu'un pirate. — Qu'im-
» porte le nom? reprit Dionides, le métier est le
» même pour tous deux : Dionides vole des navires
» et Alexandre des empires. Si les dieux me faisaient
» Alexandre et toi Dionides, peut-être serais-je meil-
» leur prince que tu ne serais bon pirate ! »

En répondant ainsi, Dionides était moins effronté qu'on ne croit: la piraterie n'était-elle pas un métier comme un autre, et, en poursuivant et en punissant Dionides, Alexandre pouvait-il oublier que les antécédents de la maison de Macédoine étaient entachés de piraterie?

Ce ne fut pas seulement en conquérant qu'Alexandre parcourut et soumit une grande partie de l'Asie, chacun de ses actes après la victoire décèle une politique aussi sage qu'habile. Partout il respecta les mœurs, les coutumes et la religion des peuples dont il triomphait. Il chercha surtout à opérer une fusion civilisatrice entre des races différentes. Il forma de grands projets touchant la marine ; la mort seule en empêcha l'exécution. Il fonda Alexandrie dans une heureuse situation pour avoir un commerce actif avec les Indes et l'Éthiopie par la mer Rouge et le Nil, et avec l'Europe et l'Afrique par la Méditerranée. Il la plaça entre Tyr et Carthage pour y attirer le commerce de ces deux villes et pour les mieux dominer. Sous les Ptolémées, l'Égypte devint le plus grand marché de l'univers.

CHAPITRE XII

LES CARTHAGINOIS. — TRAITÉS D'ALLIANCE AVEC LES ROMAINS. — LA SICILE. — LES MAMERTINS.

L'histoire dit qu'Alexandre avait résolu de passer de Syrie en Afrique pour abaisser l'orgueil de Carthage, et que, dans ce but, mille vaisseaux plus forts que les galères devaient être construits en Phénicie, avec les bois du Liban, pour porter la guerre dans les possessions carthaginoises.

Fille de Sidon et de Tyr, Carthage avait hérité de l'ardeur aux expéditions maritimes et du génie commercial propres aux Phéniciens. Heureusement située pour la navigation, au milieu des côtes de la Méditerranée, à une égale distance de ses extrémités, elle embrassait le commerce de tout le monde connu. Elle développait les établissements que les Phéniciens avaient déjà créés sur les côtes de l'Afrique et elle en fondait elle-même d'autres. Sur les ordres du Sénat carthaginois, Magon fut chargé de faire le tour de l'Afrique. Cette expédition, célèbre dans les annales de la géographie, dut s'arrêter faute de vivres, entre le 7ᵉ et le 8ᵉ degré de latitude nord, au golfe de Cherbro, que l'amiral carthaginois appela Corne du Midi (Νότου Κῆρας)[1]. Au nord, les Carthaginois remontèrent l'Atlantique le long de l'Espagne et de la Gaule jusqu'en Angleterre. Dans la Méditerranée, ils occupèrent de bonne heure certaines parties de la Sicile, la Sardaigne, les îles Baléares et l'Espagne.

Les Phéniciens avaient perdu peu à peu la suprématie maritime dans le bassin oriental de la Méditerranée ; les rois d'Égypte et d'Assyrie avaient épuisé et ruiné Sidon, Tyr et la Phénicie ; la race grecque, plus jeune et plus belliqueuse, leur enleva l'empire de la mer en Orient. Carthage devint, à la suite de ces événements, la capitale d'un nouvel empire maritime phénicien qui s'étendit sur toute la région occidentale de la Méditerranée, de la Sicile et de l'Italie à l'Océan. L'antique race araméenne dont Carthage était fille, nourrissait une haine implacable contre la race grecque. Tout vaisseau étranger surpris dans les eaux de Sardaigne et vers les colonnes d'Hercule par les Carthaginois, était pillé et l'équipage jeté à la mer. C'était un singulier droit des gens, comme dit Montesquieu[2]. On se rappelle que les Phocéens, ayant abandonné leur ville assiégée par l'armée de Cyrus,

---

1. *Le Nord de l'Afrique dans l'antiquité*, par Vivien de Saint-Martin.

2. *Esprit des Lois*, xxi, 11.

rencontrèrent la flotte alliée carthaginoise et tyrrhénienne près d'Alalia (Corse), et qu'une bataille navale terrible s'engagea entre ces races ennemies, à la suite de laquelle les Phocéens, après avoir perdu quarante vaisseaux, firent voile pour l'Italie, puis vers la Gaule où ils abordèrent et fondèrent Marseille. Pour lutter avec plus d'avantage contre les Grecs et exercer la piraterie à leurs dépens, les Carthaginois avaient fait un alliance armée, συμμαχια, avec une nation qui excellait aussi dans la marine, l'Étrurie, qui occupait la plus grande partie de l'Italie. Carthage domina en Sardaigne et l'Étrurie en Corse. Une alliance fut aussi conclue entre Carthage et Rome, les deux futures rivales, à l'époque de l'expulsion des rois. L'historien Polybe nous a conservé le texte des deux premiers traités conclus entre les Carthaginois et les Romains. Ce sont deux textes précieux pour l'histoire de la piraterie [1]. Le premier est du temps de Lucius et Junius Brutus et de Marcus Horatius (vers l'an 507 av. J.-C.), consuls créés après l'expulsion des rois :

« A ces conditions, il y aura amitié entre les Ro» mains et les alliés des Romains, les Carthaginois
» et les alliés des Carthaginois : les Romains ne na» vigueront pas au delà du Beau-Cap [2], à moins qu'ils
» n'y soient poussés par la tempête ou par les enne-

---

1. Polybe, III, 22-26.
2. *Promontorium Hermæum*, aujourd'hui Cap Bon ou Ras Adder.

» mis. Si quelqu'un est jeté forcément sur ces côtes,
» il ne lui sera permis de faire aucun trafic, ni d'ac-
» quérir autre chose que ce qui est nécessaire aux
» besoins du vaisseau et aux sacrifices. Au bout de
» cinq jours, tous ceux qui ont pris terre devront
» remettre à la voile. Les marchands ne pourront
» faire de marché valable qu'en présence du crieur
» et du scribe. Les choses vendues d'après ces for-
» malités seront dues au vendeur sur la foi du crédit
» public. Il en sera ainsi en Libye et en Sardaigne.
» Un Romain, abordant dans la partie de la Sicile
» soumise aux Carthaginois, jouira des mêmes droits
» que ceux-ci, et il lui sera fait bonne justice. De
» leur côté, les Carthaginois n'offenseront point les
» habitants d'Ardée, d'Antium, de Laurentum, de
» Circée, de Terracine, ni un peuple quelconque des
» Latins soumis aux Romains. Ils s'abstiendront
» aussi de nuire aux villes des autres Latins non
» soumis à Rome, mais s'ils les occupent, ils les lui
» livreront intactes. Ils ne bâtiront aucun fort dans
» le Latium, et s'ils y entrent en armes, ils n'y pas-
» seront pas la nuit. »

Le second traité (an 345 av. J.-C.) est ainsi conçu :
« Entre les Romains et les alliés des Romains, entre
» le peuple des Carthaginois, des Tyriens, des Uti-
» céens et leurs alliés, il y aura alliance à ces condi-
» tions : Que les Romains ne pilleront, ne trafique-
» ront, ni ne bâtiront de ville au delà du Beau-Pro-

» montoire, de Mastie et de Tarseium ; que si les
» Carthaginois prennent dans le pays latin quelque
» ville non soumise aux Romains, ils garderont l'ar-
» gent et les prisonniers, mais ne retiendront pas la
» ville ; que si des Carthaginois prennent quelque
» homme faisant partie des peuples qui sont en paix
» avec les Romains par un traité écrit sans pourtant
» leur être soumis, ils ne le feront pas entrer dans
» les ports romains ; que s'il y entre et qu'il soit pris
» par un Romain, il sera mis en liberté ; que cette
» condition sera aussi observée du côté des Romains ;
» que s'ils font de l'eau ou des provisions dans un
» pays qui appartient aux Carthaginois, ce ne sera
» pas pour eux un moyen de faire tort à aucun des
» peuples qui ont paix et alliance avec les Carthagi-
» nois ;... que si cela ne s'observe pas, il ne sera pas
» permis de se faire justice à soi-même ; que si quel-
» qu'un le fait, ce sera regardé comme un crime pu-
» blic ; que les Romains ne trafiqueront ni ne bâti-
» ront de ville dans la Sardaigne ni dans l'Afrique ;
» qu'ils ne pourront y aborder que pour prendre des
» vivres ou réparer leurs vaisseaux ; que s'ils y sont
» jetés par la tempête, ils en partiront au bout de
» cinq jours ; que dans Carthage et dans la partie de
» la Sicile soumise aux Carthaginois, un Romain
» aura pour son commerce et ses actions la même li-
» berté qu'un citoyen ; qu'un Carthaginois aura le
» même droit à Rome. »

Nous voilà bien renseignés par ces deux textes précieux sur l'usage que les peuples anciens faisaient de leur puissance maritime. Comme on le voit, deux États contractent une alliance, dans laquelle l'un d'eux, plus fort, s'attribue la part du lion, pour se jeter sur les villes de leurs voisins, les piller et en réduire les habitants en esclavage. C'est bien là le caractère de la piraterie, peu importe que les pirates s'appellent Carthaginois ou Romains, c'est le droit du plus fort qui règne, c'est le pillage de peuple à peuple qui s'exerce contrairement à toutes les notions du droit des gens, encore inconnu, du reste, à une époque où la civilisation était au bas de l'échelle du progrès.

Ces traités font voir que les Romains s'étaient appliqués de bonne heure à la navigation ; mais ils sont surtout bien plus intéressants pour nous au point de vue de Carthage, dont ils nous montrent la puissance, les possessions, l'ardeur pour les conquêtes et le pillage, et avant tout l'habileté étonnante et la vigilance patriotique qu'elle mettait à cacher aux autres nations ses relations de commerce et ses établissements lointains, en leur interdisant de naviguer au delà de certaines limites. Chez les Phéniciens, en effet, c'était une tradition d'État de tenir secrètes les expéditions. Un vaisseau carthaginois se voyant suivi dans l'Atlantique par des bâtimens romains, préféra se faire échouer sur un bas-fond, plutôt que de leur montrer la route de l'Angleterre. Le patron du navire parvint à s'échapper du naufrage dans lequel il avait entraîné les Romains, et fut récompensé par le sénat de Carthage [1]. Comme le dit Duruy, l'amour du gain s'élevait jusqu'à l'héroïsme [2].

Lorsque les Phéniciens de Tyr firent alliance avec Xercès contre la Grèce, les Carthaginois, de leur côté, se jetèrent avec Amilcar sur la Sicile. Mais les envahisseurs furent anéantis le même jour, les Tyriens à Salamine par Thémistocle, et les Carthaginois à Himère par Gélon de Syracuse et Théron d'Agrigente (an 480 av. J.-C.) [3]. Après le désastre d'Himère, dans lequel les Carthaginois perdirent cent cinquante mille hommes, suivant Diodore de Sicile, la plus grande partie des possessions que Carthage avait en Sicile lui fut enlevée. L'empire de la mer que Carthage se partageait avec les Étrusques ne tarda pas à s'écrouler. Anaxilaos, tyran de Rhegium et de Zancle, établit sa flotte en permanence dans le détroit de Sicile, fortifia l'entrée du Phare et barra le passage aux corsaires étrusques [4]. Hiéron, successeur du célèbre Gélon, tyran de Syracuse, détruisit les escadres alliées qui assiégeaient l'antique colonie

---

1. Strabon, livre III, *in fine*.
2. *Histoire des Romains*, I, p. 349.
3. Hérodote, VII, 145 et suiv.; Diodore de Sicile, XI, 20 et suiv.
4. Strabon, VII, 1.

grecque de Cumes (475 av. J.-C.)[1]. Le grand poète Pindare a chanté cette victoire :

« Fils de Saturne, reçois mes vœux ardents. Con-
» tiens dans leur pays les bruyantes armées du Tyr-
» rhénien et du Phénicien, frappés du désordre de
» leur flotte devant Cumes et des affronts qu'ils ont
» soufferts quand le maître de Syracuse les dompta
» sur leurs vaisseaux légers. Il précipita dans les flots
» leur jeunesse brillante et déroba la Grèce à une ser-
» vitude onéreuse[2]...... » Un casque de bronze, offrande de Hiéron, trouvé dans le lit de l'Alphée, atteste aussi cette victoire[3]. La suprématie maritime passa à Syracuse. Hiéron conquit l'île d'Ænaria (Ischia) pour couper les communications entre les Étrusques du nord et ceux de la Campanie. Voulant achever la destruction des corsaires, il s'empara de la Corse, ravagea les côtes de l'Étrurie et établit sa domination dans l'île d'Æthalie (île d'Elbe).

Les Carthaginois subirent encore de grands revers en Sicile pendant le règne de Denis l'Ancien (405-368 av. J.-C.). Timoléon de Corinthe, appelé par les Syracusains, engagea la plupart des villes de la Sicile à secouer le joug des Carthaginois en se rangeant dans l'alliance de Syracuse. Il vainquit Amilcar sur

1. Diodore de Sicile, xi, 51.
2. *Pythique*, i.
3. Ce casque se trouve au British Museum.

les bords de la Crimise (aujourd'hui Fiume di Calata-Bellota). Après la mort de Timoléon, Agathocle s'empara du pouvoir. Pendant que les Carthaginois assiégeaient de nouveau Syracuse, Agathocle conçoit le hardi projet de porter la guerre en Afrique. Il passe à travers la flotte ennemie et aborde près de Carthage ; là, il brûle tous ses vaisseaux afin de mettre ses troupes dans la nécessité de vaincre ou de mourir. Il bat Bomilcar et Hannon et soumet deux cents villes. Les Carthaginois, effrayés de ses victoires en Afrique, abandonnent le siège de Syracuse. Agathocle, sur ces entrefaites, apprenant que plusieurs villes de la Sicile se liguaient contre lui, revient dans l'île et rétablit son autorité. Il repart avec dix-sept vaisseaux longs, remporte un avantage considérable sur la flotte ennemie et aborde de nouveau en Afrique. Mais ses troupes qui avaient été battues en son absence, se révoltent et l'emprisonnent. Il parvient à s'échapper, s'embarque sur une trirème et gagne la Sicile (307 av. J.-C.). Les soldats découragés égorgent alors ses fils et posent les armes. Agathocle, pour venger ses enfants, inonde Syracuse de sang : tous les parents des soldats de l'armée sont mis à mort. Ses cruautés dont Diodore de Sicile nous a laissé le récit[1], lui attirèrent la haine universelle et des complots fréquents menacèrent sa vie. N'osant plus habiter son

---

1. Diodore de Sicile, xx, 71 et suiv.

palais, il fit la guerre de pirate, ravagea les côtes du Brutium (Calabre), attaqua les îles Lipari, leur imposa de lourds tributs et s'empara du trésor consacré dans le Prytanée à Éole et à Vulcain. Il incendia les navires de Cassandre, roi de Macédoine, qui assiégeait Corcyre ; en Italie, il conclut un traité avec les Iapygiens et les Peucétiens qui vivaient de brigandages, d'après lequel il leur fournissait des navires et partageait leurs prises. Il se préparait à croiser sur les côtes de Lybie avec deux cents galères afin de capturer les vaisseaux qui portaient du blé aux Carthaginois, lorsqu'il fut empoisonné par son petit-fils Archagathus et placé sur le bûcher avant même d'avoir rendu le dernier soupir (298 av. J.-C.) [1].

Agathocle avait recruté un grand nombre de mercenaires étrangers qui portaient le nom de *Mamertins*, ou dévoués au dieu Mars. C'était l'usage parmi les peuples italiens dans les temps de calamités, de vouer aux dieux ce qu'ils appelaient « un printemps sacré », c'est-à-dire de leur consacrer tous les produits du printemps. Les jeunes gens compris dans ce vœu quittaient leur pays à l'âge de vingt ans, et allaient vendre leur sang à qui voulait le payer. A la mort d'Agathocle, les Mamertins se révoltèrent et quittèrent Syracuse. Arrivés au détroit, ils furent accueillis par les Messiniens comme amis et comme alliés. Mais,

---

1. Diodore de Sicile, xxi, *Excerpta*.

pendant la nuit, les Mamertins égorgèrent les habitants dans leurs maisons et forcèrent les femmes et les filles à les épouser. Ils donnèrent à Messine le nom de « ville Mamertine ». De ce poste, ces infâmes pillards infestèrent l'île entière [1].

Syracuse était en pleine guerre civile, les Carthaginois profitèrent du désordre pour l'assiéger de nouveau. Les habitants appelèrent à leur secours Pyrrhus, roi d'Épire, alors en guerre avec la république romaine au sujet de Tarente. L'intérêt commun réunit encore à cette époque Rome et Carthage qui conclurent un troisième traité d'alliance offensive et défensive (276 avant J.-C.). Il y fut stipulé qu'aucune des deux nations ne négocierait avec Pyrrhus sans le concours de l'autre, et que si l'un des deux peuples était attaqué, l'autre serait obligé de lui porter secours. Les auxiliaires devaient être payés par l'État qui les enverrait ; Carthage s'engageait à fournir les vaisseaux pour le transport des troupes. En cas de besoin, elle enverrait aussi des bâtiments de guerre, mais les équipages ne débarqueraient que du consentement des Romains [2].

Pyrrhus remporta plusieurs victoires éclatantes, éprouva ensuite un échec devant Lilybée et abandonna la Sicile, en s'écriant : « O le beau champ de bataille

---

1. Diodore de Sicile, xxi, *Excerpta* ; — Polybe, i, 1
2. Polybe, iii, 22 et suiv.

que nous laissons aux Carthaginois et aux Romains[1] !»
Dès qu'il fut parti, les troupes syracusaines choisirent pour roi Hiéron II qui, par sa sagesse et son courage, sut empêcher les Carthaginois d'étendre leurs conquêtes. Pyrrhus avait prévu avec raison les guerres puniques qui commencèrent, en effet, à l'occasion de la possession de la Sicile. Pour lutter contre Carthage, Rome comprit qu'elle devait créer une grande force navale ; elle se mit à l'œuvre avec une étonnante activité, comme nous le verrons bientôt. Mais auparavant il est intéressant de rechercher les origines de la navigation en Italie et d'étudier la marine la plus ancienne de cette contrée, celle des Étrusques. Nous verrons qu'en Italie, comme en Grèce, la marine à son berceau n'était destinée qu'à la piraterie. Le peuple maritime, par excellence, les Étrusques étaient les plus habiles pirates de la péninsule.

1. Plutarque, *Vie de Pyrrhus*.

CHAPITRE XIII

LES ÉTRUSQUES. — LES LIGURES.

La lumière n'est pas encore faite sur l'origine des Étrusques. D'où venaient-ils? Les anciens eux-mêmes l'ignoraient. Les Grecs les désignaient sous le nom de Tyrrhènes ou Tyrrhéniens, et les Latins sous celui de *Tusci* (Turci, nom dérivé de Turrhènes [1]). Les Grecs parlaient souvent de la mer tyrrhénienne et de la trompette tyrrhénienne à forme recourbée. Ils appelaient souvent aussi ce peuple les Pélasges Tyrrhènes et le confondaient avec les Pélasges. Denys d'Halicarnasse affirme, au contraire, que ces deux peuples vivaient ensemble, mais qu'ils constituaient des races différentes, présentant une situation que nous pourrions assimiler à celle des Gallo-Romains par exemple. La question de l'origine des Étrusques ne sera résolue que le jour où la clef de leur langue

---

1. Les deux *r* se remplaçaient fréquemment par *sc*, ainsi l'on disait Pyrscus, pour Pyrrhus.

sera retrouvée [1]. Quant à leur alphabet, on peut considérer comme certain qu'il dérive de l'alphabet grec archaïque. MM. Ottfried Muller, Steub, Mommsen, Maury, ont prouvé que les Étrusques reçurent des Grecs l'écriture. C'était l'opinion de Tacite [2].

Les Étrusques ne connaissaient pas les arts avant l'arrivée des colons grecs ; ils se formèrent sous la direction de ces derniers, mais leurs œuvres ont conservé un cachet original, et plusieurs de leurs représentations, telles que celles de certaines divinités et de femmes ailées, leur sont essentiellement propres et nationales.

Quoi qu'il en soit, le peuple que les Grecs désignaient sous le nom de Tyrrhéniens a précédé comme puissance maritime les Grecs et les Phéniciens eux-mêmes. Ces Tyrrhéniens passaient pour des écumeurs de mer ; les anciens les appelaient « les farouches Tyrrhéniens ». Une tradition dont j'ai parlé rapportait que les Argonautes les auraient déjà rencontrés sur les mers et que Bacchus aurait été fait prisonnier par ces pirates tyrrhéniens. Nous les avons vus aussi dans leurs tentatives d'invasion en Égypte sous les dix-neuvième et vingtième dynasties.

1. La découverte de la ville biblique de Chétus, capitale des Hétéens, faite récemment et quelques mois avant sa mort, par le savant anglais G. Smith, éclaircira peut-être le problème de l'origine des Étrusques.
2. *Annal.*, xi, 14.

Le centre de l'empire tyrrhénien ou étrusque était la contrée qui s'étend entre l'Arno, l'Apennin et le Tibre, qui aujourd'hui encore conserve le nom de Toscane. Les Étrusques étaient constitués en douze cités avec un chef « *lucumo* ». Cette constitution avait le même caractère que celle de la société ionienne, qui représente le mieux les traditions pélasges. De ces douze villes, appelées par Tite-Live « les têtes de la nation [1] », partirent des colonies qui étendirent la puissance des Étrusques. Il y eut une Étrurie dans le bassin du Pô dont les villes les plus célèbres furent Adria, qui donna son nom à la mer Adriatique, Felsina et Mantua. Au delà du Tibre, Fidènes, Crustuminia et Tusculum, colonisées, ouvrirent aux Étrusques la route vers les pays des Volsques et des Rutules, qui furent assujettis [2], et vers la Campanie, où, 800 ans avant notre ère, se forma une nouvelle Étrurie dont Vulturnum, Nola, Acerræ, Herculanum et Pompeï furent les principales cités. Enfin, les Étrusques, possesseurs de vastes rivages et de ports nombreux, dominèrent dans les deux mers italiennes, dont l'une portait leur nom même « *Tuscum mare* », et l'autre celui d'une

1. V, 33. — Ces 12 cités ne sont énumérées nulle part, mais c'étaient probablement Clusium, Perusia, Cortona, Vétulonium, Volaterra, Arretium, Tarquinii, Rusellæ, Falerii, Cære, Veii, Volsinii.

2. Velleius Paterculus, I, 7.

de leurs colonies. Ils formèrent aussi des établissements dans les îles voisines, notamment en Corse et en Sardaigne ; ils occupèrent même une partie de l'Espagne, car le nom de *Tarago* (Aragon) est étrusque. Au temps de la fondation de Rome, ils avaient, selon Tite-Live [1], rempli du bruit de leur nom la terre et la mer dans toute la longueur de l'Italie, depuis les Alpes jusqu'au détroit de Sicile.

Des ports de Luna, de Pise, de Télamone, de Gravisca, de Populonia, de Pyrgi, partaient des navires qui allaient faire le négoce et la course depuis les colonnes d'Hercule jusque sur les côtes de l'Asie-Mineure et de l'Égypte [2]. Les Étrusques étaient de grands métallurgistes ; ils exploitèrent d'une manière savante les mines de la Maremme et de l'île d'Elbe. Leurs œuvres d'art en bronze surtout, qui excitent encore notre admiration, étaient fort recherchées dans l'antiquité. L'histoire nous apprend qu'à l'époque de la deuxième guerre punique, la ville de Populonia fournit à Scipion l'Africain tout le fer dont il avait besoin pour son expédition contre Carthage [3].

Enclins à la violence et au pillage, les Étrusques furent l'effroi des Hellènes, pour qui le grappin d'abordage était d'invention tyrrhénienne. Corsaires au-

---

1. i, 2 ; v, 33.
2. Duruy, *Histoire des Romains*, i, 2.
3. Tite-Live, iii, viii.

dacieux et féroces, ils se postaient sur le cap escarpé de Sorrente et sur le rocher de Capri, d'où ils commandaient tout le golfe de Naples et la mer tyrrhénienne, pour y guetter une proie à saisir au passage. Toutes les peuplades de l'Italie primitive, du reste, vivaient de brigandage. Le soir, des feux étaient allumés le long des côtes pour attirer les navigateurs comme dans un port, et aussitôt descendus à terre, les malheureux étaient massacrés et leur cargaison était pillée et emportée dans des bourgs fortifiés, *oppida,* placés au sommet d'un rocher presque inaccessible. Ces populations ont conservé les mêmes instincts, et il n'y a pas longtemps qu'elles guettaient encore les navires ou les barques qui se réfugiaient, en cas de mauvais temps, dans les criques de la côte, et s'en emparaient. Elles faisaient même des prières pour que les naufrages fussent nombreux sur leurs rivages.

J'ai dit que Carthage jugea prudent de faire avec l'Étrurie, puissante sur mer, une alliance armée pour lutter contre l'envahissement de la race hellénique, et que l'empire maritime tusco-carthaginois s'écroula après les désastres des Carthaginois en Sicile et la défaite des Étrusques devant Cumes (475 av. J.-C.). L'Étrurie, menacée de tous côtés et dépourvue de lien politique serré et fort, succomba sous les coups de Rome, qui livra ses villes opulentes au pillage. Devenue province romaine, elle ne joua plus aucun rôle politique, et quand Tibérius Gracchus la traversa au retour de Numance, il fut effrayé de sa dépopulation.

Au nord de l'Étrurie, le long des côtes de l'Italie et d'une partie de celles de la Gaule, vivaient des peuples connus sous le nom de Ligures et dont l'origine est aussi mystérieuse que celle des Étrusques et fait encore le sujet de savantes controverses entre les historiens. Sur les côtes où ils étaient divisés en petites nations, Apuans, Ingaunes, Intémèles, Védiantiens, etc., ils vivaient de la pêche, du commerce, le plus souvent même de la piraterie, qui alors était en honneur. Dès que la tempête commençait à troubler les mers, ces hardis corsaires mettaient à flot leurs barques ou radeaux, soutenus par des outres, et tombaient sur les navires étrangers. Gênes était leur port principal; ils y avaient des chantiers de constructions navales, des arsenaux et un marché national. Ils infestèrent souvent les côtes d'Étrurie et d'Italie, où les anciens les redoutaient comme des hommes « rudes, farouches, fourbes, perfides et intéressés [1] ». Les Phocéens de Marseille furent leurs premiers adversaires. Après avoir, eux aussi, long-

---

1. « *Salyes atroces, Ligyes asperi,* » Festus Avienus, *Ora maritima*, v, 691 et 609; — Virgile, *Géorg.*, II, 168; — Diodore, IV, 20, v. 39; — Strabon, VI, VI, 4. — Sur les Ligures, voir la *Gaule romaine*, t. II, ch. II, par E. Desjardins, et les notes.

temps exercé la piraterie [1], les Massaliotes s'organisèrent en nation maritime de premier ordre. Ils enlevèrent aux Ligures une partie de leur territoire et y fondèrent les colonies de Tauroentium (La Ciotat), Olbia (Hyères), Antipolis (Antibes), Nicæa (Nice), etc. Ils livrèrent de nombreux combats aux Ligures et aux Ibères, leurs rivaux sur mer. Alliés avec Rome, les Phocéens parvinrent à donner la sécurité aux navigateurs. Les Ligures se retirèrent dans les montagnes, où ils résistèrent pendant un demi-siècle aux Romains.

1. *Piscando, mercando, plerumque etiam latrocinio maris, quod illis temporibus gloriæ habebatur, vitam tolerabant,* Justin, XL. III, 33.

CHAPITRE XIV

ROME ET LA PIRATERIE.

Les Romains portèrent bien plus tôt qu'on ne le croit communément leur attention du côté de la mer. Exposés à manquer de grains à la suite d'une mauvaise récolte ou des ravages de l'ennemi, ils durent songer à profiter d'un fleuve dont leur ville commandait les deux rives jusqu'à la mer à quelques lieues plus bas. Rome offrait une escale facile aux bateliers descendus par le Tibre supérieur ou l'Anio, et un refuge avec un bon ancrage aux navires poussés par la tempête ou fuyant devant les pirates de la haute mer. Bien que la langue latine soit très pauvre de son propre fonds en termes de navigation et de marine, et qu'elle ait dû emprunter à la Grèce les mots de cette nature, on peut cependant citer quelques expressions qui sont purement latines : *velum*, la voile, *malus*, le mât, *antenna*, la vergue[1].

---

1. Les autres termes : *gubernare, ancora, prora, anquina, nausea, aplustre,* sont grecs.

Rome suivit, dès une époque très rapprochée de sa fondation, l'exemple que lui donnaient la grande Grèce, les Étrusques, ses voisins, et dans le Latium même, les Antiates, marins redoutés. Le port d'Ostie fut en effet construit dès le sixième siècle par Ancus Marcius[1]. Les anciens traités avec Carthage, conservés par Polybe, bien que peu favorables aux Romains, montrent bien que la nation romaine faisait déjà, aux premiers âges de la république, un commerce actif non seulement avec la Sicile et la Sardaigne, mais encore avec Carthage et ses colonies d'Afrique. Cependant les Romains n'osèrent pas, pendant toute cette période ancienne, se hasarder contre les flottes des Grecs qui dévastaient les côtes de l'Italie. Le brigandage sur terre et la piraterie sur mer s'exerçaient en même temps. Les Gaulois et les autres populations de l'Apennin erraient par les plaines et les côtes maritimes qu'ils livraient au pillage. La mer était infestée des flottes grecques. Plusieurs fois les brigands de mer en vinrent aux prises avec les brigands de terre[2]. Rome fut enfin obligée d'entreprendre une expédition contre Antium dont les habitants lançaient des navires armés en guerre pour faire la piraterie: Déjà, un chef des corsaires de ces parages, Posthumius, qui pillait les côtes de la Sicile, avait été

1. Tite-Live, i, 33
2. *Id.*, vii, 25.

pris par Timoléon et mis à mort (339 av. J.-C.)[1].
Rome attaqua Antium avec une grande vigueur ; la
ville fut emportée d'assaut. Après cette victoire, elle
interdit la mer aux Antiates, *interdictum mari Antiati
populo est;* une partie des navires conquis fut conduite dans les arsenaux romains, une autre fut brûlée, et de leurs éperons *(rostra)* on para la tribune
aux harangues élevée dans le forum et qui porta depuis lors le nom de *Rostres* (338 av. J.-C.)[2].

Vingt-huit ans après la prise d'Antium, le tribun
Decius Mus[3] fit créer deux magistrats appelés duumvirs qui furent chargés de veiller à l'armement des
vaisseaux destinés à ravager les côtes. Ainsi les Romains organisaient la piraterie à leur tour et à leur
profit. L'équipage de la flotte, sous le commandement de P. Cornelius, fit une descente en Campanie
et livra au pillage le territoire de Nuceria, d'abord
dans la partie la plus voisine de la côte afin de pouvoir regagner sûrement les vaisseaux ; mais entraînés
par l'appât du butin, les Romains s'avancèrent trop
loin et donnèrent l'éveil aux habitants. Cependant il
ne se présenta personne contre eux, alors que, dispersés de toutes parts dans la campagne, ils auraient
pu être entièrement exterminés, mais, comme ils se

---

1. Diodore de Sicile, xvi, 82.
2. Tive-Live, viii, 14 ; — Florus, i, 11.
3. Tite-Live, ix, 30.

retiraient sans précaution, des paysans les atteignirent à peu de distance des navires, leur enlevèrent leur butin et en tuèrent un certain nombre[1]. Comme on le voit, Rome exerçait la piraterie à l'instar des autres nations.

La guerre contre les Tarentins eut pour cause un débat maritime. Une petite escadre romaine croisait dans le golfe de Tarente; un jour que le peuple de cette ville célébrait des jeux dans un théâtre qui dominait la mer, quelques-uns des vaisseaux romains apparurent à l'entrée du port. Le démagogue Philocharis s'écria que ces navires menaçaient la ville et que, d'après le texte des anciens traités, les Romains ne pouvaient naviguer par le détroit de Sicile au delà du promontoire de Lacinium [2]. A ces mots, la foule se précipita vers les galères, en coula quatre dans le port et en prit une cinquième. Le duumvir *navalis* périt et les matelots furent réduits en esclavage. Rome envoya des ambassadeurs pour demander réparation, mais l'ambassade fut un sujet de risée de la part du peuple de Tarente à cause du costume et du langage romains. Un Tarentin souilla même la robe de l'ambassadeur Posthumius. Comme la foule riait, le Romain s'écria : « Riez tant que vous

1. Tite-Live, ix, 33.
2. Là se trouvait le temple de Junon Lacinienne au S.-E. de Crotone.

» voudrez, mais vous pleurerez bientôt, car les taches
» de cette robe seront lavées dans votre sang [1]. »
Rome fit marcher immédiatement une armée contre
Tarente qui appela le roi Pyrrhus à son secours.
Rome de son côté fit avec Carthage le traité d'alliance
de l'année 276 dont j'ai parlé.

C'est encore dans les pillages et les violences de
peuple à peuple, en dehors de toute espèce de droit
des gens, que l'on peut retrouver l'origine de la
grande lutte entre Rome et Carthage. Ces deux villes,
étendant chacune de leur côté leur domination, ne
devaient pas tarder à rompre les traités qui les
avaient unies dans la nécessité d'une défense commune et à se disputer la possession de la Sicile et de
la suprématie maritime. Manifestation évidente de la
jalousie et de la haine existant entre deux peuples
ayant des intérêts de commerce et des besoins de
conquête en complète opposition, la piraterie et les
autres actions contraires au droit des gens ont toujours précédé l'état légal de guerre.

Les Mamertins, ces infâmes pillards furent la cause
de la guerre qui éclata entre Carthage et Rome. Une
légion romaine, commandée par le tribun militaire
Decius Jubellus, Campanien d'origine, imita l'abomi-
nable trahison des Mamertins à Messine. Elle tenait
garnison à Rhegium, de l'autre côté du détroit. Elle

---

1. Denys d'Halicarnasse, *Excerpta*.

égorgea un jour les habitants de cette ville, s'empara de leurs biens, s'installa comme si Rhegium eût été pris d'assaut, et s'y maintint grâce aux secours que lui donnèrent les Mamertins (268 av. J.-C.)[1].

Ces bandits se soutinrent réciproquement, et les Mamertins devinrent un sujet d'inquiétude et de crainte pour les Syracusains et les Carthaginois qui se partageaient la possession de la Sicile. Il faut dire à l'honneur de Rome, qu'elle punit la perfidie de la légion de Decius. Le siège fut mis devant Rhegium et l'armée romaine passa au fil de l'épée le plus grand nombre de ces traîtres, Campaniens pour la plupart, qui, prévoyant leur sort, se défendirent avec furie. Trois cents furent faits prisonniers ; ils furent amenés à Rome, conduits sur le marché par les préteurs, battus de verges et mis à mort. Rome rendit aux habitants de Rhegium leur ville et leur territoire.

Quant aux Mamertins, privés d'auxiliaires, ils ne furent plus en état de résister aux forces de Hiéron de Syracuse. La division se mit entre eux : les uns livrèrent la citadelle aux Carthaginois, les autres envoyèrent à Rome une ambassade pour offrir la possession de leur ville au peuple romain et le presser de venir à leur secours.

L'affaire mise en délibération dans le Sénat fut envisagée sous deux points de vue opposés. D'un

---

1. Diodore de Sicile, *Excerpta*, XXII.

côté, il paraissait indigne des vertus romaines de protéger, en défendant les Mamertins, des brigands semblables à ceux qu'on avait punis si sévèrement à Rhegium ; de l'autre, il semblait important d'arrêter les progrès des Carthaginois qui, maîtres de Messine, le seraient bientôt de Syracuse et de la Sicile entière, et qui, ajoutant cette conquête à leurs anciennes possessions de Sardaigne, d'Afrique et d'Espagne, menaçaient de toutes parts les côtes de l'Italie. Le Sénat n'osa prendre aucune décision, il renvoya l'affaire au peuple qui, accablé par les expéditions incessantes de Rome contre les nations voisines, trouva l'occasion bonne de réparer ses pertes et s'empressa de voter la guerre.

Le consul Appius Claudius vint s'établir à Rhegium, à la tête d'une grosse armée. C'est en vain que Carthage, indignée de la conduite de son ancienne alliée, déclare que pas une barque romaine ne passera le détroit et que pas un soldat romain ne se lavera dans les eaux de la Sicile, Appius, profitant d'une nuit obscure, passe le détroit avec 20,000 hommes sur des radeaux formés de troncs d'arbres et de planches grossièrement jointes, appelés *caudices* et *caudicariæ naves*. Le succès de cette audacieuse entreprise immortalisa Appius qui reçut le surnom de *Caudex* (264 av. J.-C.). Telle fut l'origine des guerres puniques [1].

---

1. Polybe, I, 1 ; — Diodore de Sicile, *Excerpta*, XXIII.

Carthage ne pouvait être attaquée que sur mer, Rome le comprit et résolut d'organiser une grande force navale. Jusqu'à cette époque, les Romains n'avaient fait usage que de vaisseaux marchands[1]. Le Sénat ordonna la construction d'une flotte de ligne, composée de vingt trirèmes et de cent quinquirèmes. La chose ne fut pas peu embarrassante. Les Romains n'avaient point d'ouvriers qui sussent la construction de ces bâtiments à cinq rangs de rames, et personne dans l'Italie ne s'en était encore servi. On prit pour modèle une pentère carthaginoise[2] échouée sur la côte. Cette heureuse capture fut mise à profit en toute hâte. Les travaux furent poussés avec tant d'activité que deux mois après qu'on eut porté la hache dans les forêts, cent soixante vaisseaux furent à l'ancre sur le rivage[3]. Il ne manquait plus que des marins, la discipline romaine les eut bientôt formés. Pendant que les navires étaient encore dans les chantiers, les recrues qui devaient les monter (*socii navales*) s'habituaient sur terre à faire avec des rames tous les mouvements de la manœuvre[4]. Aussi dès que les navires furent équipés, ils n'eurent besoin que de s'exercer quelques jours sur la mer, le long des côtes,

---

1. Leroy, *Marine des anciens*, t. XXXVIII des Mémoires de l'Académie des Inscriptions et Belles-Lettres.
2. Synonyme de *quinquiremis*, Polybe, I.
3. Florus, II.
4. Polybe, I.

avant de se diriger vers la Sicile à la rencontre des Carthaginois. Duilius conduisait cette flotte (260 av. J.-C.); mais ses vaisseaux lourdement construits, et son équipage trop inexpérimenté ne pouvaient lutter contre la flotte carthaginoise, la première du monde. Le général romain n'obtint la victoire qu'en transformant le combat en un combat de terre : un énorme harpon de fer appelé corbeau (*corvus*) accrochait un vaisseau ennemi et le tirait violemment contre le vaisseau romain. Aussitôt un pont était jeté et le légionnaire l'emportait sur le pilote carthaginois dont la science et l'habileté dans l'art naval devenaient inutiles.

Le récit des guerres puniques serait en dehors de notre sujet; la piraterie fut remplacée par l'état de guerre. Cette lutte implacable entre deux nations se termina par la ruine de la grande cité africaine (146 av. J.-C.); mais dès la fin de la première guerre punique Rome avait enlevé à Carthage l'empire de la mer, à la suite de la victoire navale des îles Égates (242 av. J.-C.); la Sicile, la Corse et la Sardaigne étaient tombées en son pouvoir. La plus grande puissance maritime de l'occident succombait; l'empire de la mer passait à Rome. Allait-elle l'exercer? Il ne le semble pas. Les Romains en vérité n'étaient pas des marins; s'ils avaient vaincu les Carthaginois c'est que ceux-ci, trop confiants dans leur supériorité, avaient depuis longtemps négligé leur marine militaire et n'équipaient leurs flottes qu'avec des soldats et des matelots tous mercenaires, sans courage et sans zèle pour la patrie. L'histoire ne nous apprend-elle pas en effet que ces mercenaires se révoltèrent et soutinrent pendant plus de trois ans (241-238 av. J.-C.) cette « guerre inexpiable » qui mit Carthage à deux doigts de sa perte. Rome, au contraire, était brûlante de patriotisme ; ses flottes étaient-elles détruites par l'ennemi ou par la tempête, immédiatement elle en reconstruisait d'autres plus fortes encore. Ses généraux eurent l'immense habileté de transformer le combat naval en un combat de terre, grâce à l'invention du corbeau. Après chaque victoire, Rome avait donné l'ordre à Carthage de brûler ses vaisseaux, mais la guerre finie, elle laissait sa flotte pourrir dans le port. Rome se souciait peu de remplacer les puissances maritimes, il lui semblait suffisant de posséder les rivages pour que la mer lui appartînt. Ce fut là une grave erreur, la politique romaine livra la mer aux pirates. Qui le prouve mieux que ce singulier hommage rendu à Scipion l'Africain par des pirates ? Le vainqueur des Carthaginois, retiré des affaires publiques, vivait dans le repos à sa campagne de Literne, quand le hasard y conduisit à la fois plusieurs chefs de pirates, curieux de le voir. Persuadé qu'ils venaient dans l'intention de lui faire quelque violence, Scipion plaça une troupe d'esclaves sur la terrasse de sa maison, aussi résolu que

bien préparé à repousser les brigands. A la vue de
ces dispositions, les pirates renvoyèrent leurs soldats,
quittèrent leurs armes, et, s'approchant de la porte
ils crièrent à Scipion que loin d'en vouloir à sa vie,
ils venaient rendre hommage à sa vertu ; qu'ils ambitionnaient comme un bienfait du ciel le bonheur
de voir de près un si grand homme, qu'ils le priaient
donc de se laisser contempler en toute assurance.
Ces paroles furent portées à Scipion qui fit ouvrir les
portes et introduire les pirates. Ceux-ci, après s'être
inclinés religieusement sur le seuil de la maison,
comme devant le plus auguste des temples et le plus
saint des autels, saisirent avidement la main de
Scipion, la couvrirent de baisers, et, déposant dans
le vestibule des dons pareils à ceux que l'on consacre aux dieux immortels, ils s'en retournèrent heureux de l'avoir vu. « Qu'y a-t-il de plus grand que
cette majesté qui émerveilla des brigands? » s'écrie
Valère Maxime[1]. Mais, si l'on va au fond des choses,
on est bien tenté de trouver cet hommage quelque
peu suspect. Que de reconnaissance les pirates ne
devaient-ils pas à celui qui avait brûlé la flotte carthaginoise et détruit la plus grande et la seule puissance maritime d'alors! Depuis la ruine de Carthage,
la Méditerranée était au pouvoir de la piraterie, et il
fallut que Rome entreprît contre elle une lutte acharnée.

1. II, x, 2.

CHAPITRE XV

GUERRES DE ROME CONTRE LA PIRATERIE. — L'ILLYRIE. — LA REINE TEUTA. — DÉMÉTRIUS DE PHAROS. — GENTHIUS.

La première expédition que Rome organisa contre les pirates est connue dans l'histoire sous le nom de guerre d'Illyrie. Depuis les temps les plus reculés, les peuples que les anciens désignaient sous la dénomination d'Illyriens, de Triballes, d'Épirotes, d'Arcananiens et de Liburniens, et qui occupaient les régions que nous appelons l'Istrie, l'Illyrie, la Dalmatie et l'Albanie, si remarquables par leurs golfes profonds, leurs îles nombreuses et dans les parages desquelles la navigation est souvent difficile et dangereuse à cause des bourrasques qui s'y font sentir, passaient pour de redoutables pirates. Les maîtres de Scodra [1] exerçaient en grand la piraterie ; leurs nombreuses escadres de légères birèmes, « les fameux vaisseaux liburniens », battaient partout la mer, por-

---

1. Scutari (Albanie).

tant sur les eaux et sur les côtes la guerre et le pillage [1].

Denys l'Ancien, après avoir ravagé les côtes du Latium et de l'Étrurie, pillé le temple d'Agylla et volé à la statue de Jupiter son manteau d'or massif, qu'il remplaça par un manteau de laine, » l'autre étant trop froid en hiver et trop lourd en été «, s'avança jusque dans les eaux liburniennes et fit alliance avec ses rivaux en déprédations qui lui cédèrent l'île d'Issa, excellente position maritime.

Pendant que Rome et Carthage se disputaient la Sicile, les Illyriens couvrirent de leurs vaisseaux la mer Adriatique et opérèrent des incursions dans toutes les villes grecques voisines. Corcyre, Leucadie, Céphallénie, se virent tour à tour désolées par ces audacieux corsaires. Il n'y avait point de flotte qui pût résister à leurs légers navires, flexibles à tous les mouvements de la rame [2], habiles à l'attaque comme à la fuite, et montés par des aventuriers que les rois d'Illyrie accueillaient avec empressement dans leurs ports quand on les reconnaissait au loin, traînant à à leur remorque des vaisseaux capturés et chargés de riches dépouilles. La puissance de ces pirates s'était surtout développée sous le règne d'Agron et sous celui de sa femme Teuta qui lui succéda sur le trône. Dans

---

1. Appien, *De rebus illyricis*, III.
2. *Velocibus levibusque navigiis*, Appien, *De rebus illyricis*, III.

une de leurs expéditions, les Illyriens battirent les
Étoliens et les Achéens et s'emparèrent de la ville de
Phénice, la place la plus forte et la plus puissante de
tout l'Épire et dont ils rapportèrent un butin immense [1].
Dans leurs courses continuelles, les pirates illyriens
enlevèrent plusieurs fois des négociants italiens à la
hauteur du port de Brindes et en firent périr quelques-
uns. Le Sénat négligea les plaintes nombreuses qui
s'élevèrent à cette occasion [2]. Mais bientôt vint se
joindre un motif politique. Les Illyriens attaquèrent
l'île d'Issa, soumise alors à Démétrius de Pharos qui
envoya une ambassade à Rome, pour demander aide
et secours et pour la supplier de faire cesser la piraterie dans la mer Adriatique.

Le Sénat dépêcha Caïus et Lucius Coruncanius qui
demandèrent audience à la reine Teuta. Les ambassadeurs se plaignirent des torts que les négociants
italiens avaient soufferts de la part des corsaires
illyriens. La reine les laissa parler sans les interrom-
pre, affectant des airs de hauteur et de fierté. Quand
ils eurent fini, sa réponse fut qu'elle tâcherait d'empêcher que la république n'eût dans la suite le sujet
de se plaindre de son royaume en général ; mais que
ce n'était pas la coutume des rois d'Illyrie de défendre
à leurs sujets d'aller en course pour leur utilité parti-

---

1. Polybe, II, 1.
2. Polybe, II, 2.

culière. A ces mots, la colère s'empare du plus jeune des ambassadeurs qui s'écrie avec indignation : « Chez nous, reine, une des plus belles coutumes est » de venger en commun les torts faits aux particu- » liers, et nous ferons, s'il plaît aux dieux, en sorte » que vous vous portiez bientôt de vous-même à ré- » former les coutumes des rois illyriens. » La reine prit cette réponse en très mauvaise part. Elle en fut tellement irritée que, sans égard pour le droit des gens, elle fit poursuivre les ambassadeurs et tuer celui qui l'avait offensée. Cléemporus, envoyé par les Issiens, tomba aussi sous la hache des Illyriens. Les commandants des vaisseaux furent brûlés vifs, et le reste ne dut son salut qu'à la fuite [1].

Grande fut l'indignation à Rome, à la nouvelle de cet odieux attentat; le Sénat fit immédiatement des préparatifs de guerre, leva des troupes et équipa une flotte.

Pendant ce temps, Teuta augmenta le nombre de ses vaisseaux et lança des pirates contre la Grèce. Une partie passa à Corcyre, l'autre mouilla à Épidamne, sous prétexte d'y prendre de l'eau, mais en réalité dans le dessein d'enlever la ville par surprise.

Voici, en effet, comment les choses se passèrent. Les Épidamniens laissèrent imprudemment et sans précaution entrer les Illyriens dans la ville. Ces pi-

---

1. Polybe, II, 2 ; — Florus, II, v, *Bellum illyricum* ; — Appien, VII.

rates ont retroussé leurs vêtements, ils portent un
vase à la main comme pour prendre de l'eau, mais
ils y ont caché un poignard. Ils égorgent aussitôt la
garde de la porte et se rendent maîtres de l'entrée.
Des renforts accourent promptement des vaisseaux
et il leur est aisé de s'emparer de la plus grande
partie des murailles. Mais les habitants, quoique pris
à l'improviste, se défendent avec tant de vigueur que
les Illyriens, après avoir longtemps disputé le terrain,
sont enfin obligés de se retirer. Ils mettent à la voile
et cinglent droit à Corcyre, descendent à terre et entre-
prennent d'assiéger la ville. L'épouvante s'y répandit ;
telle était la réputation des Illyriens qu'on se crut
dans la nécessité pressante d'implorer l'assistance des
Achéens et des Étoliens. Il se trouva en même temps
chez ces peuples des ambassadeurs des Apolloniates
et des Épidamniens qui priaient instamment qu'on
les secourût et qu'on ne souffrît point qu'ils fussent
chassés de leur pays par les Illyriens. Ces demandes
furent favorablement écoutées. Les Achéens avaient
sept vaisseaux de guerre ; on les équipa et on les mit
à la mer. On comptait bien faire lever le siège de
Corcyre, mais les Illyriens qui avaient reçu sept vaisseaux des Arcananiens, leurs alliés, se portèrent au-
devant des Achéens et leur livrèrent bataille auprès
de Paxos. Les Arcananiens avaient en tête les Achéens,
et, de ce côté, le combat fut égal, on se retira de part
et d'autre. Quant aux Illyriens, ils lièrent leurs vais-

seaux quatre à quatre et s'approchèrent ainsi de leurs adversaires. Ils semblaient d'abord ne pas vouloir se défendre et ils prêtaient le flanc aux attaques. Mais, quand on se fut joint, grand fut l'embarras des autres, accrochés qu'ils étaient par ces vaisseaux liés ensemble et suspendus aux éperons des leurs. Alors les Illyriens sautèrent sur les navires et en accablèrent les défenseurs par leur grand nombre. Ils prirent quatre galères à quatre rangs de rames et en coulèrent à fond une de cinq rangs avec tout l'équipage. Ceux qui avaient à lutter contre les Arcananiens, voyant que les Illyriens avaient le dessus, cherchèrent leur salut dans la légèreté de leurs vaisseaux, et, heureusement poussés par un vent frais, ils rentrèrent dans leur port sans courir de danger sérieux. Cette victoire enfla beaucoup la hardiesse des Illyriens qui continuèrent le siège de Corcyre. Les assiégés tinrent ferme pendant quelques jours, mais enfin ils traitèrent, reçurent garnison et avec elle Démétrius de Pharos. De Corcyre, les Illyriens retournèrent reprendre le siège d'Épidamne.

C'était alors, à Rome, le temps d'élire les consuls (229 avant J.-C.). Cn. Fulvius, ayant été choisi, eut le commandement de l'armée navale, et Aulus Posthumius, son collègue, celui de l'armée de terre. Fulvius voulait d'abord cingler droit à Corcyre, dans l'espoir d'arriver à temps pour la secourir; mais, quoique la ville fût rendue, il suivit néanmoins son premier dessein, tant pour connaître au juste ce qui s'était passé que pour s'assurer de ce qui avait été mandé à Rome par Démétrius de Pharos. Celui-ci, en effet, dans la crainte de se voir enlever le gouvernement de Corcyre au cas d'une guerre avec les Romains, crut gagner leur bienveillance en leur faisant savoir qu'il leur livrerait Corcyre et tout ce qui était en son pouvoir. Les Romains débarquèrent en conséquence dans l'île, et y furent bien reçus. Sur l'avis de Démétrius, on leur abandonna la garnison illyrienne et l'on se rendit à discrétion, dans la pensée que c'était l'unique moyen de se mettre à couvert pour toujours des insultes des Illyriens. De Corcyre, le consul fit voile vers Apollonie, emmenant avec lui Démétrius, pour exécuter, d'après ses conseils, tout ce qui lui restait à faire. En même temps, Posthumius s'embarqua à Brindes avec son armée composée de vingt mille hommes de pied et de deux mille chevaux. Les deux consuls paraissaient à peine devant Apollonie que les habitants accoururent pour les recevoir et se ranger sous leurs lois. De là, sur la nouvelle que les Illyriens assiégeaient Épidamne, ils se dirigèrent vers cette ville, et, au bruit de leur approche, les ennemis levèrent le siège et prirent la fuite. Les Épidamniens sauvés, les Romains pénétrèrent dans l'Illyrie et soumirent les Ardiæens. Là, se trouvaient des députés de plusieurs peuples, entre autres des Parthéniens et des Atintaniens, qui les reconnurent pour leurs maîtres. Ils se dirigèrent ensuite sur Issa, assiégée aussi par les Illyriens, firent lever le siège et reçurent les Isséens dans leur alliance. Le long de la côte, ils s'emparèrent de quelques villes illyriennes ; à Nystrie, ils perdirent beaucoup de soldats, quelques tribuns et un questeur. Ils y capturèrent vingt navires chargés d'un riche butin.

Teuta, voyant que rien ne pouvait résister aux Romains, se réfugia dans l'intérieur des terres, à Rizon, avec un petit nombre d'Illyriens qui lui étaient restés fidèles. Les Romains, après avoir ainsi augmenté en Illyrie le nombre des sujets de Démétrius et étendu sa domination, se retirèrent à Épidamne avec leur flotte et leur armée de terre. Fulvius ramena en Italie la plus grande partie des deux armées. Quant à Posthumius, après avoir réuni quarante vaisseaux légers et levé une contribution sur plusieurs villes des environs, il prit ses quartiers d'hiver pour protéger les Ardiæens et les autres peuples qui s'étaient mis sous la sauvegarde des Romains.

Au printemps, la reine Teuta fit partir pour Rome des ambassadeurs pour proposer en son nom les conditions de paix suivantes : qu'elle paierait tribut; qu'à l'exception d'un petit nombre de places, elle quitterait toute l'Illyrie et qu'au delà de Lissus, elle ne mettrait sur mer que deux bâtiments sans armes. Cette dernière condition était très importante pour les Grecs. Le traité fut conclu (226 avant J.-C.), mais les Romains exigèrent avant tout que Teuta livrât les principaux de la nation illyrienne dont les têtes, en tombant sous la hache, donnèrent satisfaction aux mânes de l'ambassadeur romain [1].

Posthumius envoya, aussitôt après, des députés chez les Étoliens et les Achéens pour les rassurer sur les dispositions des Romains. Ces députés racontèrent ce qui s'était passé en Illyrie et lurent le traité de paix conclu avec Teuta. Ils revinrent ensuite à Corcyre, très satisfaits de l'accueil qu'ils avaient reçu de la part de ces deux nations. En effet, ce traité, dont ils avaient apporté la nouvelle, délivrait les Grecs d'une grande crainte, car les Illyriens étaient ennemis de la Grèce tout entière.

Ce fut ainsi que les légions romaines pénétrèrent pour la première fois en Illyrie et que fut conclue la première alliance par ambassade entre les Grecs et les Romains. A Corinthe, les Romains furent admis aux jeux isthmiques ; à Athènes, on leur donna le droit de cité et on les initia aux mystères d'Éleusis.

Le traité conclu avec Teuta fut respecté pendant quelque temps ; mais Démétrius, que les Romains avaient institué gouverneur en Illyrie, profita des embarras que les Gaulois et les Carthaginois causaient à ses bienfaiteurs pour faire des incursions sur mer en s'unissant aux corsaires de l'Istrie et en

---

1. Florus et Appien, *loc. citat.*

détachant les Atintaniens de l'alliance romaine. Contre la foi des traités, il passa avec cinquante brigantins au delà de Lissus et porta la ruine dans la plupart des Cyclades.

Rome fit partir L. Emilius pour châtier la trahison de Démétrius. A la nouvelle de l'arrivée des Romains, Démétrius jeta dans Dimale une forte garnison et toutes les munitions nécessaires. Il fit périr dans les autres villes les gouverneurs qui lui étaient opposés, mit à leur place des lieutenants dévoués et choisit entre ses sujets six mille des hommes les plus braves pour garder Pharos. Mais Emilius prit d'assaut Dimale, au septième jour, et les villes voisines s'empressèrent de se rendre aux Romains. Le consul mit aussitôt à la voile pour attaquer Démétrius à Pharos. Ayant appris que la ville était forte, la garnison nombreuse et composée de soldats d'élite, il craignit les difficultés et les lenteurs d'un siège et résolut de recourir à un stratagème. Il prit terre pendant la nuit avec toute son armée, dont il cacha la plus grande partie dans les bois et dans les lieux couverts. Le jour venu, il remit à la mer et entra dans le port le plus voisin avec vingt vaisseaux. Démétrius parut aussitôt pour empêcher le débarquement. A peine le combat était-il engagé, que ceux qui étaient embusqués se précipitèrent sur le derrière de l'ennemi. Les Illyriens, pressés de front et en queue, furent obligés de prendre la fuite pour sauver leur vie. Démétrius se réfugia sur un navire, et, suivi de quelques brigantins qu'il avait à l'ancre dans des endroits cachés, échappa au consul et se rendit auprès de Philippe de Macédoine, qu'il décida à se déclarer bientôt contre les Romains. Emilius entra dans Pharos et la rasa. Il se rendit maître de l'Illyrie, et le jeune roi Pineus, fils de Teuta, se soumit aux conditions du traité antérieur (219 avant J.-C.).

Rome eut à combattre une troisième fois les Illyriens pendant la guerre qu'elle soutint contre Persée, roi de Macédoine, fils de Philippe. Les Illyriens de la partie supérieure de la mer Adriatique avaient alors pour roi Genthius, prince cruel et adonné à l'ivresse, que Persée, à force de sollicitations, de promesses d'argent et enfin par les armes, détacha de l'alliance romaine. Genthius se jeta avec ses troupes sur la partie de l'Illyrie soumise aux Romains et emprisonna Petillius et Perpenna, ambassadeurs qui lui étaient envoyés. Rome se trouvait ainsi avoir deux ennemis sur les bras; elle les attaqua vigoureusement l'un et l'autre. Persée fut vaincu par Paul-Émile à la célèbre bataille de Pydna (168 avant J.-C.), malgré l'héroïsme de la redoutable phalange macédonienne. En même temps, le préteur Anicius remporta une victoire sur Genthius et enleva d'assaut Scodra, sa capitale. Genthius demanda une entrevue au préteur; il eut recours aux prières et aux larmes, et, tombant à genoux, se remit à sa discrétion. Anicius le rassura et l'invita même à souper. Mais, au sortir de table, les licteurs se jetèrent sur Genthius et l'enchaînèrent. Anicius s'empressa de délivrer les ambassadeurs Petillius et Perpenna, et envoya ce dernier annoncer à Rome la défaite des Illyriens. Persée et Genthius, côte à côte et enchaînés, marchèrent devant le char des triomphateurs. La flotte des corsaires illyriens fut confisquée tout entière et distribuée entre les principales villes grecques de la côte. Le royaume de Genthius fut partagé en trois petits États. A dater de cette époque, cessèrent pour longtemps les souffrances et les inquiétudes que les pirates illyriens infligeaient continuellement à leurs voisins [1].

1. Appien, IX ; — Florus, XIII ; — Tite-Live, XLIV, 31, 32 ; XLV, 26, 35, 39 ; — Velleius Paterculus, IX.

CHAPITRE XVI

I

LES ÉTOLIENS ET LES KLEPHTES.

Rome avait détruit par les expéditions dont je viens de parler la piraterie dans l'Adriatique septentrionale, mais dans les eaux de la Grèce et de la Mauritanie, les corsaires ne sentent point directement son bras et se livrent librement au pillage et à la dévastation.

Parmi les peuples de la Grèce, les Étoliens avaient seuls gardé des mœurs sauvages et des habitudes de brigandage. Ils faisaient de fréquentes incursions, et pirataient sur terre comme sur mer. C'étaient des bêtes féroces plutôt que des hommes, dit Polybe [1], sans distinction pour personne, rien n'était exempt de leurs hostilités. Cependant, tant qu'Antigone vécut, la crainte qu'ils avaient des Macédoniens les retint. Mais dès qu'il fut mort, ne laissant pour successeur

1. Liv. IV, 1.

qu'un enfant, ils levèrent le masque et ne cherchèrent plus que quelque prétexte spécieux pour se jeter sur le Péloponèse. Un certain Dorimaque, Étolien, fut envoyé (222 avant J.-C.) à Phigalée, ville du Péloponèse, située sur les frontières de la Messénie et placée sous la dépendance de la république étolienne, pour examiner ce qui se passait dans la contrée. C'était un jeune homme audacieux et avide du bien d'autrui. Il établit à Phigalée le siège de ses brigandages. Il réunit autour de lui une quantité de pirates, de *Klephtes* ou brigands, et leur permit de butiner dans les environs et d'enlever les troupeaux des Messéniens bien que ceux-ci fussent amis et alliés de l'Étolie. Ces Klephtes n'exercèrent d'abord leurs pillages qu'aux extrémités de la province, mais leur audace ne s'en tint point là, ils entrèrent dans le pays, attaquèrent les habitations pendant la nuit et les forcèrent. Les Messéniens adressèrent des plaintes à Dorimaque, mais celui-ci qui partageait le butin, n'eut aucun égard à leurs réclamations. Il fit plus, il se rendit à Messène et répondit par des railleries, des insultes et des menaces à ceux qui avaient été maltraités par les siens. Une nuit même qu'il était encore à Messène, les brigands pillèrent les abords de la ville, égorgèrent ceux qui leur résistaient, chargèrent les autres de chaînes et emmenèrent tous les bestiaux. Jusque-là les Éphores avaient supporté les pillages des Klephtes et la présence de leur chef, mais enfin se voyant encore insultés, ils donnèrent l'ordre à Dorimaque de comparaître devant l'assemblée des magistrats. Sciron, homme de mérite et de considération, était alors Éphore à Messène ; son avis fut de ne pas laisser Dorimaque sortir de la ville qu'il n'eût rendu tout ce qui avait été pris aux Messéniens, et qu'il n'eût livré à la vindicte publique les auteurs de tant de meurtres commis. Tout le conseil trouvant cet avis fort juste, Dorimaque se mit en colère et dit que l'on n'était guère habile si l'on s'imaginait insulter sa personne ; que ce n'était pas lui, mais la république étolienne que l'on atteignait, que cette indignité allait attirer sur les Messéniens une tempête épouvantable et qu'un tel attentat ne resterait pas impuni. Il se trouvait à cette époque, à Messène, un certain Barbytas, dévoué à Dorimaque et qui avait la voix et le reste du corps si semblables à lui, que s'il eût eu sa coiffure et ses vêtements, on l'aurait pris pour lui-même, et Dorimaque savait bien cela. Celui-ci donc s'échauffant et traitant avec hauteur les Messéniens, Sciron ne put se contenir : « Tu crois donc, » Barbytas, lui dit-il d'un ton de colère, que nous » nous soucions fort de toi et de tes menaces ! » Ce mot ferma la bouche à Dorimaque qui partit pour l'Étolie où il fit déclarer la guerre aux Messéniens.

Les pirates se mirent aussitôt à la mer, et, dans leur audace, ils capturèrent un vaisseau macédonien qu'ils vendirent, cargaison et équipage, dans l'île de

Cythère. Montés sur les vaisseaux des Céphalléniens, ils ravagèrent les côtes de l'Épire, firent des tentatives sur Tyrée, ville de l'Arcananie, envoyèrent des partis dans le Péloponèse et prirent, au milieu des terres des Mégapolitains, la forteresse de Clarion dont ils se servirent pour y vendre à l'encan leur butin et y garder celui qu'ils faisaient. D'un autre côté, une troupe de Klephtes, sous la conduite de Dorimaque, pilla les Achéens en se rendant à Phigalée d'où elle se jeta sur la Messérie. Les Achéens résolurent alors de secourir les Messéniens et appelèrent à leur aide les Macédoniens. Comme on le voit, ce furent les brigands Étoliens qui donnèrent naissance à la grande guerre qui éclata alors en Grèce et qui est restée célèbre dans l'histoire par les actions d'Aratus et de Philippe, roi de Macédoine.

Pendant le cours de cette lutte entre les Grecs, une alliance fut conclue entre Philippe et Annibal d'une part, et entre les Étoliens et Rome d'autre part. Les Romains intervinrent ainsi dans les affaires de la Grèce. Après différents combats, Philippe fut complètement vaincu à Cynocéphales (196 avant J.-C.). Les Étoliens contribuèrent puissamment à la victoire, mais ils eurent l'insolence de se l'attribuer tout entière. Flamininus, déjà mécontent de leur rapacité, les dédaigna et affecta, en toute occasion, d'humilier leur orgueil. Ces Etoliens inspiraient du dégoût aux Romains ; quand on leur demandait de renoncer à

leur coutume sauvage de pillage, ils répondaient :
« Nous ôterions plutôt l'Étolie de l'Étolie que d'em-
» pêcher nos guerriers d'enlever les dépouilles des
» dépouilles [1]. »

L'histoire nous apprend que les Étoliens, après avoir rompu avec les Romains, devinrent leurs ennemis acharnés et s'allièrent contre eux avec Antiochus le Grand, qu'ils entraînèrent dans leur ruine (198 avant J.-C.).

1. Polybe xvii, 3. « Λάφυρον άπο λαφύρου. »

II

CONQUÊTE DES ILES BALÉARES.

Rome avait purgé la mer Adriatique, mais à l'occident, la piraterie s'exerçait en pleine liberté et s'était installée comme en un dangereux repaire dans les îles Baléares.

Ces îles étaient d'une grande fertilité; les habitants passaient pour des gens pacifiques, mais la présence parmi eux de quelques scélérats qui avaient fait alliance avec les pirates de la mer intérieure suffit pour les compromettre tous. Ils avaient acquis, en repoussant les fréquentes agressions auxquelles les exposaient leurs richesses, la réputation de frondeurs les plus adroits qu'il y ait au monde. Leur supériorité dans le maniement de la fronde remontait à l'époque où les Phéniciens et les Carthaginois occupèrent ces îles. Ils marchaient nus au combat, ne gardant qu'un bouclier passé dans leur bras gauche, tandis que leur main droite brandissait une javeline durcie au feu et quelquefois armée d'une petite pointe de fer. Ils portaient en outre, ceintes autour de la tête, trois frondes faites de *mélancranis*[1], de

---

1. [Le *schœnus mucronatus*, suivant Sprengel ; mais plus vraisemblablement, suivant Fraas, les *schœnus nigricans*.

crin ou de boyau, une longue pour atteindre l'ennemi de loin, une courte pour le frapper de près, et une moyenne pour l'attaquer quand il était placé à une distance médiocre. Dès l'enfance on les exerçait à manier la fronde, et, à cet effet, les parents ne donnaient à leurs enfants le pain dont ils avaient besoin qu'après que ceux-ci avec leurs frondes l'avaient atteint comme une cible.

A l'époque des désastres de Carthage, les insulaires des Baléares profitèrent de leur indépendance pour infester la mer de leur piraterie forcenée. Montés sur de frêles bateaux, ces hommes farouches et sauvages étaient devenus, par leurs attaques soudaines, la terreur de ceux qui naviguaient près de leurs îles. Le Sénat résolut de mettre fin à leurs brigandages et envoya contre eux Métellus.

Dès qu'ils aperçurent la flotte romaine qui, de la haute mer, cinglait vers eux, les insulaires la regardèrent comme une proie et poussèrent l'audace jusqu'à l'assaillir. Métellus connaissant leur adresse, fit tendre des peaux au-dessus du pont de chaque navire pour abriter ses hommes. Cette précaution garantit les Romains d'une grêle de pierres. Quand on en vint à combattre de près, et que les insulaires eurent fait l'expérience des éperons et des javelots romains, ils poussèrent un grand cri et s'enfuirent vers leurs rivages. Métellus les poursuivit jusque dans les montagnes et les détruisit. Il peupla les îles de trois mille colons. Dès lors un commerce actif et prospère se fit avec l'Espagne. Ces îles fertiles, bien situées et douées d'un climat agréable, furent une heureuse acquisition pour Rome, une escale précieuse pour elle lorsque ses navires se rendaient en Espagne. Métellus reçut, en l'honneur de son expédition, le surnom de *Baléarique* (123 av. J.-C.)[1].

Vers la même époque les Romains achevèrent de consolider leur domination dans le bassin occidental de la Méditerranée en fondant, après des luttes incessantes, des établissements florissants dans l'île d'Elbe, riche en minerais, dans la Corse et dans la Sardaigne, couvertes de forêts. Cependant un grand nombre de montagnards de ces îles sauvages conservèrent leur indépendance et passèrent toujours aux yeux des Romains pour des brigands[2].

1. Strabon, III, v ; — Florus, III, IX, *Bellum Balearicum.*
2. Tacite, *Annales*, II, 85.

CHAPITRE XVII

MITHRIDATE ET LES PIRATES.

Rome, poursuivant le cours de ses conquêtes, avait anéanti successivement les flottes de Carthage, de Philippe et d'Antiochus ; elle avait imposé sa suprématie maritime dans la plus grande partie du bassin méditerranéen, lorsque s'éleva contre elle, en Orient, un prince puissant et doué d'un génie supérieur, Mithridate, roi de Pont.

Ce monarque avait, au début de sa lutte contre Rome, des forces considérables. Sans compter l'armée auxiliaire des Arméniens, il entrait, en effet, en campagne à la tête de 250,000 soldats d'infanterie, 40,000 chevaux, 300 vaisseaux pontés et 100 embarcations ouvertes dont les pilotes et les capitaines étaient phéniciens et égyptiens[1]. Depuis les guerres médiques on n'avait vu un tel déploiement militaire en Orient.

Pendant que la guerre civile et la guerre sociale

---

1. Appien, *Guerre contre Mithridate*, XIII, XVII.

mettaient l'Italie en feu, Mithridate en profita pour se jeter sur la Cappadoce, la [...]ie, l'Ionie, la Phrygie, la Mysie, provinces de l'Asie-Mineure récemment soumises par les Romains. Le roi Nicomède et deux généraux romains, Aquilius et Oppius, furent écrasés en trois batailles, la flotte de l'Euxin anéantie et le proconsul contraint de fuir (88 av. J.-C.). Partout les populations couraient au-devant du vainqueur. Mithridate se présentait en effet comme le vengeur des cruautés et des exactions des Romains ; n'était-ce pas le moment où les proconsuls, les publicains rapaces, déshonoraient le nom romain et le faisaient abhorrer en Asie ? Mithridate disait lui-même : « Toute l'Asie m'attend comme son libérateur, tant ont excité de haine contre les Romains les rapines des proconsuls, les exactions des gens d'affaires et les injustices des jugements [1]. » Aussi quand il s'écriait, non sans juste raison : « Dut-on périr, il faut lutter contre les brigands ! » tous les opprimés l'accueillaient avec délire et lui donnaient le surnom de nouveau Dionysos [2]. Partout les peuples se livraient à des manifestations anti-romaines. Les villes, les îles, envoyaient sur son passage des ambassades « au dieu sauveur », l'invitant à les visiter, et les populations, en habits de fête, accouraient, en poussant des

---

1. Justin, xxxviii.
2. Diodore de Sicile, *Excerpt. de virt. et vit.*, p. 112-113.

cris de joie, le recevoir hors des portes. La ville de Laodicée lui livre Oppius qu'il traîna après lui pour montrer un général romain captif [1]. La ville de Mitylène, de Lesbos, lui remet à son tour Aquilius qui s'était réfugié dans ses murs après sa défaite. Mithridate le couvre de chaînes et le promène à travers l'Asie, monté sur un âne et obligé, à force de coups, à dire :

« Je suis Aquilius, consul romain »; puis il le fait mourir en lui introduisant de l'or en fusion dans la bouche afin de flétrir par cet affreux supplice la réelle et insatiable rapacité des gouverneurs de la République romaine [2]. D'Éphèse, Mithridate envoie à tous ses satrapes et à toutes les cités l'ordre de tuer, le même jour, à la même heure, sans distinction d'âge ni de sexe, tous les Italiens, les serviteurs même, qui résident dans le pays, de laisser leurs cadavres sans sépulture et de confisquer leurs biens dont la moitié reviendra au roi et dont l'autre appartiendra aux meurtriers. Si grande était l'horreur du nom romain que partout, hormis quelques rares districts, dans l'île de Cos, par exemple, l'ordre épouvantable fut exécuté ponctuellement ; le même jour,

---

1. Appien, xx.
2. Appien xxi : Velleius Paterculus, 18. — Diodore de Sicile prétend, au contraire, qu'Aquilius, prévoyant les outrages auxquels il serait livré, n'hésita pas à se frapper de sa propre main (*Excerpt. de virt. et vit.*, p. 112-113).

à la même heure, 80,000, d'autres disent 150,000 Italiens furent massacrés de sang-froid[1].

Le monde oriental avait épousé la cause de Mithridate. Parmi les îles, Chio et Ténédos, pillées par Verrès, Lesbos, Samos devinrent les alliées fidèles de ce roi, ainsi que la plus grande partie des Cyclades. Mithridate eut encore recours à de puissants auxiliaires, aux pirates.

La piraterie active et florissante est traitée en alliée; elle est partout la bienvenue; partout on lui ouvre la voie, et les corsaires, se disant à la solde du roi de Pont, répandent rapidement leurs escadres qui sèment au loin la terreur sur la Méditerranée. La mer Égée en est infestée; le temple de Samothrace, où Marcellus avait sacrifié aux dieux Cabires des tableaux et des statues prises au pillage de Syracuse, est complètement dévasté, et les pirates enlèvent un butin de la valeur de mille talents. L'île de Rhodes seule, où les Romains fugitifs s'étaient retirés avec L. Crassus, leur préteur, ne cède pas à l'entraînement général et mérite le nom de fidèle alliée des Romains. Mithridate tourna aussitôt ses armes contre cette île pour commencer par affaiblir les Romains dans leurs alliés. Il s'en approcha avec une flotte nombreuse et composée en partie de pirates heureux

---

1. Appien, XXIII; — Florus, III, 6; — Valère Maxime, IX, II, 3; Cicéron, *Pro lege Manilia*, 3.

de combattre contre les Rhodiens, qui, depuis longtemps, leur faisaient la chasse sur mer. Mithridate rangea ses navires sur une seule ligne pour envelopper les vaisseaux rhodiens qui se présentèrent en assez petit nombre, mais qui, après avoir deviné la tactique, se retirèrent prudemment et se renfermèrent dans leur port. Le roi tenta, mais inutilement, de les y forcer et mit ses troupes à terre. Les Rhodiens firent alors sortir de temps en temps des navires légers pour harceler la flotte. Un jour, une de leurs trirèmes, ayant attaqué un vaisseau ennemi, d'autres navires voulurent secourir les combattants, la lutte devint bientôt générale et les Rhodiens s'emparèrent d'une galère. Ils rentraient triomphants dans le port, lorsqu'ils s'aperçurent qu'il leur manquait une quinquirème. Aussitôt ils envoyèrent à sa recherche six petits bâtiments sous les ordres de Démagoras. Le roi mit à leur poursuite vingt-cinq quadrirèmes, mais l'habile capitaine rhodien les entraîna au loin par une feinte retraite, puis, virant de bord tout à coup, il arriva brusquement sur les vaisseaux qui le poursuivaient, en coula deux à fond et força les autres à prendre la fuite. Peu de jours après, les transports sur lesquels étaient embarquées les troupes attendues par le roi, furent jetés à la côte par la tempête, et tombèrent, en partie, au pouvoir des Rhodiens. Mithridate assiégea néanmoins la ville, et fit battre les murs du côté de la mer par une énorme machine, établie sur deux hexérèmes manœuvrant à la fois des béliers et lançant des javelots et des flèches ; mais ce terrible engin, connu sous le nom de sambuque, s'écroula sous son propre poids. Tous les efforts de Mithridate échouèrent contre l'héroïque résistance des Rhodiens ; aussi se décida-t-il à lever le siège et à porter ses armes en Grèce[1].

Rome donna enfin à Sylla l'ordre d'arrêter la marche menaçante du roi de Pont. En 86 (av. J.-C.), le général romain prend Athènes d'assaut, bat les lieutenants de Mithridate à Chéronée et à Orchomène, et pénètre jusqu'en Asie. En même temps, Bruttius Sura, préteur de Macédoine, s'empare de l'île de Sciathos, repaire de pirates, met en croix les uns et coupe les mains des autres[2]. Mais cela ne suffisait pas, les pirates, maîtres de la mer, n'en continuaient pas moins leurs courses et interceptaient les vivres à Sylla. Cet habile général comprit qu'il ne pouvait, sans vaisseaux, réduire un ennemi dont la puissance consistait principalement en forces maritimes. Rome n'avait point de flotte. Sylla chargea donc Lucullus, le plus capable de ses lieutenants, de parcourir tous les parages de l'est et d'y ramasser une escadre à tout prix.

Lucullus se met à l'œuvre avec une grande acti-

---

1. Appien, XXII-XXVII.
2. Appien, XXIX.

vité, et se trouve bientôt à la tête de quelques embarcations non pontées, empruntées aux Rhodiens et à d'autres moindres cités; mais il donne dans une nuée de pirates et ne leur échappe que par le plus heureux hasard, en perdant presque toute sa flottille. Il change de navire et, trompant l'ennemi, passe par la Crète et Cyrène et se rend à Alexandrie [1]. La cour d'Égypte refuse poliment, mais nettement sa demande de secours. Combien était tombée la puissance de Rome, dit l'historien Mommsen, autrefois, quand les rois d'Égypte mettaient toute leur flotte à son service, elle les remerciait; aujourd'hui, les hommes d'État d'Alexandrie ne lui feraient pas crédit d'une seule voile [2]! Lucullus se tourna du côté des villes syriennes pour leur demander des vaisseaux de guerre. Il réussit, et ce premier noyau de sa flotte s'étant grossi de ce qu'il avait pu ramasser dans les ports cypriotes, pamphyliens et rhodiens, il se trouva désormais en état de tenir la mer. Il évita toutefois de se mesurer avec des forces trop inégales, ce qui ne l'empêcha point de remporter d'importants succès. Il occupa l'île et la péninsule cnidienne, attaqua Samos et enleva Chio et Colophon à l'ennemi.

De son côté, Sylla pressa Mithridate et le réduisit à subir un traité onéreux aux termes duquel le roi

---

1. Appien, XXXIII; Plutarque, *Vie de Lucullus*.
2. *Histoire romaine*, IV, 8.

de Pont renonçait à l'Asie et à la Paphlagonie, restituait la Bithynie à Nicomède et la Cappadoce à Ariobarzane, payait aux Romains deux mille talents et leur livrait soixante-dix navires à proue d'airain, avec tout leur équipement (84 av. J.-C.)[1].

Quant aux pirates, ils n'étaient pas atteints.

1. Appien, LIV et suiv. ; Plutarque, *Vie de Sylla* ; Florus, 9.

CHAPITRE XVIII

PUISSANCE DES PIRATES. — CAPTIVITÉ DE CÉSAR.

Le moment était réellement bien favorable pour l'extension de la puissance des pirates dans la Méditerranée. Aucune nation maritime n'exerçait plus l'empire de la mer. Rome avait détruit toutes les flottes de ses voisins, mais après la victoire, soit par une singulière négligence politique, soit plutôt que la marine ne convînt pas à son génie, elle ne songeait plus à conserver sa domination sur les eaux et encore moins à y faire la police. Il est vrai, du reste, que l'état de la république était alors lamentable. Déjà épuisée par la guerre contre Mithridate, Rome n'était-elle pas horriblement déchirée par la guerre civile entre Marius et Sylla et par les luttes sanglantes contre Sertorius et Spartacus ?

Tandis que le peuple romain était ainsi occupé dans les différentes parties de la terre, dit Florus[1], les pirates avaient envahi les mers. Ils y régnaient en

---

1. *Bellum piraticum*, III, 7.

maîtres depuis les côtes de l'Asie-Mineure jusqu'aux colonnes d'Hercule. Leur nombre s'était accru infiniment à la suite de la ruine de Carthage et de Corinthe et du licenciement des matelots de Mithridate exigé par Sylla. Les vaincus aimaient mieux être bandits qu'esclaves. La mer immense, la mer libre, comme le dit si bien Duruy [1], fut l'asile de tous ceux qui refusèrent de vivre sous la loi romaine [2]. Ils se firent pirates, et comme le Sénat avait détruit toutes les marines militaires, sans les remplacer, les profits étaient certains, le danger nul. Aussi ce brigandage prit-il en peu d'années un développement inattendu.

Les pirates n'avaient d'abord que des brigantins légers, « appelés *myoparons* et *hémioles*, barques-souris [3] », mais, devenus plus hardis par l'impunité et enrichis par le pillage de l'Asie et des îles autorisé par Mithridate, ils furent bientôt en état d'armer de gros bâtiments et des trirèmes. Ils formèrent des corps de troupes et prétendant anoblir leur profession, ils répudièrent le nom de pirates pour prendre celui de soldats aventuriers, et appelèrent avec impudence le produit de leurs vols « la solde militaire [4] ».

Bien plus, des hommes considérables, distingués par leur naissance et leurs capacités, montaient sur

1. *Histoire des Romains*, II, 23.
2. Appien, *Guerre mithridatique*, XCII.
3. *Idem*.
4. *Idem*.

les vaisseaux des pirates et se joignaient à eux. Il semblait, dit Plutarque, que la piraterie fût devenue un métier honorable et propre à flatter l'ambition [1]. L'aristocratie romaine ruinée n'avait pas de meilleure ressource pour refaire sa fortune.

La Cilicie Trachée [2] (rude) était le siège de l'empire des pirates que l'on appelait communément pour cela Ciliciens. Là ils avaient leurs nids d'aigles, et, comme les forêts leur donnaient des bois excellents pour la construction des navires, ils y avaient aussi leurs principaux chantiers et des arsenaux bien fournis de tout ce qui était nécessaire à l'armement de leurs flottes. Au sein de l'impraticable et montueux massif de la Lycie, de la Pamphylie et de la Cilicie, ils avaient bâti des châteaux forts au sommet des rocs, y enfermant, pendant qu'ils écumaient les mers, leurs femmes, leurs enfants et leurs trésors, et venant s'y mettre en sûreté au premier danger qui les menaçait. Ils s'étaient ménagé en outre, sur les rivages, dans les îles désertes, des stations, des tours de signal, des abris, pour déposer leur butin, cacher leurs vaisseaux et guetter leur proie. Ces pirates constituaient un État, une république, « république de corsaires » dit Mommsen [3]. C'est là le caractère vraiment étonnant

---

1. *Vie de Pompée*.
2. Appien, xcii.
3. *Histoire romaine*, v, 2.

de cette singulière société de bandits. Le savant historien allemand voit avec raison parmi eux les aventuriers, les désespérés de tous les pays, mercenaires licenciés, achetés jadis sur les marchés crétois de recrutement, citoyens bannis des villes détruites d'Italie, d'Espagne et d'Asie, soldats et officiers des armées de Fimbria et de Sertorius, enfants perdus de tous les peuples, transfuges proscrits de tous les partis vaincus, tous ceux enfin que poussaient en avant la misère et l'audace. A défaut de nationalité, ces hommes se tiennent, dit-il, liés par la franc-maçonnerie de la proscription et du crime. Mais je ne saurais admettre avec Mommsen que ce banditisme ait jamais pu marcher « vers une association meilleure de l'esprit public », l'histoire ne nous a laissé aucun indice pour avancer une pareille conclusion. Une association qui méconnaît la loi morale, qui ne vit et n'existe que pour le pillage et le crime et dont les membres ne sont point unis par le lien du sang national, est par cela même hors de la voie du progrès. Qu'importent sa force matérielle et ses actions parfois brillantes, héroïques même, si l'on peut employer ce mot en parlant de brigands, c'est une association criminelle, condamnée à périr, à tomber frappée sous le coup de la justice infaillible et vengeresse.

Il est aisé de voir quel usage les pirates faisaient de leur puissance. Ils s'étaient d'abord contentés, sous leur chef Isidorus, d'infester les mers voisines, mais ils répandirent rapidement leurs brigandages sur celles de Crète, de Cyrène, d'Achaïe, sur le golfe de Malée (Laconie), auquel les richesses qu'ils y capturaient leur avaient fait donner le nom de Golfe d'Or [1]. Ils se jetaient sur les villes peu défendues, et assiégeaient régulièrement les places fortes. Ils emmenaient en captivité dans leurs repaires, les citoyens les plus riches, et les y détenaient jusqu'au paiement d'une forte rançon. Enfin, ils étaient par excellence les pourvoyeurs des marchés d'esclaves. Ils étaient tellement redoutés que les négociants, les voyageurs, les corps de troupes même, à destination de l'Orient, choisissaient pour passer la mer la saison mauvaise, craignant moins les tempêtes que les corsaires.

Le jeune César, proscrit par Sylla, qui voyait déjà en lui « plusieurs Marius », tomba, auprès de l'île de Pharmacuse, une des Sporades, entre les mains des pirates. Ceux-ci lui demandèrent vingt talents pour rançon ; il se moqua d'eux de ne pas mieux savoir quelle était la valeur de leur prisonnier, et il leur en promit cinquante (environ 110,000 fr.). Il envoya ensuite ceux qui l'accompagnaient, dans différentes villes, pour ramasser cette somme et demeura avec un seul de ses amis et deux domestiques au milieu de ces Ciliciens, les plus sanguinaires des hommes, dit Plutarque [2]. Il les traitait avec tant de mépris que,

1. « *Sinum aureum* », Florus, III, 7.
2. *Vie de César* ; Suétone, *id.*, IV.

lorsqu'il voulait dormir, il leur envoyait commander de faire silence. Il passa trente-huit jours avec eux, moins comme un prisonnier que comme un prince entouré de ses gardes. Plein d'une sécurité profonde, il jouait et faisait avec eux ses exercices, et composait des poèmes et des harangues qu'il leur lisait. Les pirates, mauvais juges sans doute, avaient encore le défaut d'être trop francs. Ils critiquèrent sans mesure le jeune orateur qui, avec toute la morgue d'un grand seigneur romain, les traitait d'ignorants et de barbares qu'il ferait mettre en croix pour leur apprendre à s'y mieux connaître. Les pirates aimaient cette franchise et en riaient. Dès que César eut reçu de Milet sa rançon, et qu'il la leur eut payée, le premier usage qu'il fit de sa liberté, ce fut d'équiper secrètement quelques galères pour combattre les brigands. Il prit si bien ses mesures que tous les pirates encore à l'ancre tombèrent entre ses mains. Il les remit en dépôt dans la prison de Pergame et alla trouver Junius, à qui il appartenait, comme préteur d'Asie, de les punir. Junius jeta un œil de cupidité sur l'argent qui était considérable et dit qu'il examinerait à loisir ce qu'il ferait des prisonniers. Il voulait probablement les vendre à son profit. Mais César, laissant là le préteur, fit mettre en croix les pirates, comme il leur avait souvent annoncé dans l'île avec un air de plaisanterie. Ainsi, ce fut à Pharmacuse et sur des pirates que César, tout jeune encore, commença à montrer la supériorité de son génie, et à pratiquer le grand art de maîtriser la fortune et de dominer les hommes.

Pendant ce temps, les Romains étaient engagés dans leurs terribles guerres civiles et se livraient entre eux des combats aux portes de la ville, laissant ainsi la mer sans protection. La piraterie s'étendait de jour en jour et causait d'immenses dommages à l'État et aux particuliers. Elle avait accaparé tout le mouvement maritime de la Méditerranée. L'Italie ne pouvait plus exporter ses produits ni importer ceux des provinces. Les laboureurs abandonnaient leurs champs, la navigation était interrompue, le commerce entravé ; la ville manquait d'approvisionnements, et la cherté des vivres excitait les plaintes des habitants. Les Romains affamés regardaient avec stupeur la Méditerranée et n'osaient plus l'appeler « *nostrum mare* ».

CHAPITRE XIX

EXPÉDITION DE PUBLIUS SERVILIUS ISAURICUS CONTRE LES PIRATES.

Le Sénat comprit enfin qu'il fallait agir et briser le blocus qui anéantissait l'Italie.

Murena et C. Dolabella essayèrent de réunir dans les ports de l'Asie-Mineure une flotte de combat contre les pirates, mais ils ne firent rien de mémorable.

Publius Servilius fut alors désigné pour diriger une nouvelle expédition.

A la tête d'une escadre, composée de gros vaisseaux de guerre, il dissipa les brigantins légers et les barques-souris des pirates, après un combat sanglant. Non content de cette victoire, il aborde en Asie-Mineure et se met à raser successivement toutes les villes devant lesquelles les pirates allaient d'ordinaire jeter l'ancre et où ils déposaient leur butin. Ainsi tombent les citadelles de Zénicétus, puissant roi de mer, Corycus, Olympus, Phasélis, en Lycie orientale, Attalia, en Pamphylie. A l'attaque de Phasélis, Zénicétus, voyant l'armée romaine maîtresse des abords de la ville, fait mettre le feu aux principaux édifices et se précipite dans les flammes avec tous ses compagnons.

Encouragé par ses succès, Servilius franchit le Taurus et marche contre les Isauriens qui étaient cantonnés dans un labyrinthe de montagnes escarpées, de rochers suspendus et de vallées profondes. Là étaient les repaires des pirates, là les brigands se sont toujours maintenus, et, de nos jours encore, cette région, l'ancienne Cilicie Trachée, n'a pas changé d'aspect, et le voyageur ne peut la parcourir en sécurité.

Servilius s'empare des forteresses de l'ennemi, d'Oroanda, d'Isaura même, le boulevard de la Cilicie, l'idéal d'un nid de brigands, comme dit Mommsen[1], juchée au sommet d'une montagne presque impraticable, et planant au loin sur la plaine d'Iconium qu'elle commandait. Cette rude campagne de trois années (78-76) valut à Servilius le surnom d'*Isauricus*. Le vainqueur transporta dans Rome les statues et les trésors qu'il avait enlevés aux pirates et en orna son char de triomphe. Cicéron a rendu hommage à l'intégrité de Servilius qui enregistra avec soin, pour les donner au trésor public, les riches dépouilles des Isauriens[2].

---

1. *Histoire romaine*, v, 2.
2. Florus, III, 7 ; Cicéron, *In Verrem*, II, liv. I, 31, liv. IV, 10 ; Strabon, liv. XIV ; Eutrope, VI, 3 ; Rufus, XII.

Appien est injuste envers Servilius Isauricus en se bornant à dire de lui « qu'il ne fit rien de mémorable[1] »; grand nombre de corsaires avec leurs vaisseaux étaient tombés au pouvoir des Romains; Servilius avait dévasté la Lycie, la Pamphylie, la Cilicie, l'Isaurie, pris plusieurs forteresses, annexé les territoires des villes détruites et agrandi la province de Cilicie. Sans doute la piraterie n'était pas anéantie; écrasée sur un point, cette puissance insaisissable renaissait sur mille autres. « C'était une hydre dont les mille têtes, comme le dit L. Lacroix[2], couvraient la Méditerranée. » Tant de pertes ne domptèrent pas les pirates qui ne purent vivre sur le continent. Semblables à certains animaux qui ont le double avantage d'habiter l'eau et la terre, à peine l'ennemi se fut-il retiré, qu'impatients du sol, ils s'élancèrent de nouveau sur leur élément et poussèrent leurs courses encore plus loin qu'auparavant[3]. La piraterie changea donc de domicile et gagna l'antique refuge des corsaires de la Méditerranée, l'île de Crète.

1. *Guerre contre Mithridate*, XCIII.
2. *Histoire ancienne de l'Italie* (*Univers pittoresque*), p. 357.
3. Florus, III, 7.

CHAPITRE XX

LES PIRATES CRÉTOIS. — EXPÉDITIONS D'ANTONIUS ET
DE MÉTELLUS.

Les Crétois avaient exercé de tout temps la piraterie. Le célèbre Minos seul avait pu les contenir en les constituant, jusqu'à un certain point, en un corps de nation, et en leur donnant l'empire de la mer. Il leur convenait alors de réprimer les brigandages des Cariens et des Lélèges, mais aussitôt après la mort de Minos, l'absence de tout grand intérêt national et les guerres civiles les avaient de nouveau jetés en aventuriers sur les mers. Les Crétois firent cause commune avec les Ciliciens et tous les corsaires qui infestaient la mer Intérieure. La Crète devint ainsi une seconde pépinière de pirates [1].

Aucun peuple n'a été aussi maltraité par les historiens que le peuple crétois : aucun n'a laissé une aussi triste réputation. Les Athéniens, condamnés jadis à payer le tribut au Minotaure, fiers du triomphe de leur héros Thésée, ont surtout contribué à

1. Plutarque, *Vie de Pompée*.

faire ce mauvais renom aux Crétois, qui ont toujours été décriés et couverts d'outrages sur le théâtre d'Athènes. Plutarque fait remarquer, à ce sujet, combien il est dangereux de s'attirer la haine d'une ville « qui sait parler [1] ».

Polybe, parlant des Crétois de son temps, dit que l'argent est en si grande estime auprès d'eux qu'il leur paraît non seulement nécessaire mais glorieux d'en posséder ; l'avarice et l'amour de l'or étaient si bien établis dans leurs mœurs que seuls dans l'univers les Crétois ne trouvaient nul gain illégitime [2].

Diodore de Sicile rapporte un trait qui les peint admirablement : Pendant la guerre Sociale, un Crétois vint trouver le consul Julius (César) et s'offrit comme traître : « Si par mon aide, dit-il, tu l'em-
» portes sur les ennemis, quelle récompense me don-
» neras-tu en retour ? Je te ferai citoyen de Rome,
» répondit César, et tu seras en faveur auprès de
» moi. » A ces mots, le Crétois éclata de rire, et reprit : « Un droit politique est chez les Crétois une
» niaiserie titrée, nous ne visons qu'au gain, nous ne
» tirons nos flèches, nous ne travaillons sur terre et
» sur mer que pour de l'argent. Aussi je ne viens ici
» que pour de l'argent. Quant aux droits politiques,
» accordez-les à ceux qui se les disputent et qui achè-

---

1. Plutarque, *Vie de Thésée*.
2. Polybe, VI, 46.

» tent ces fariboles au prix de leur sang. » Le consul se mit à rire, à son tour, et dit à cet homme :
« Eh bien, si nous réussissons dans notre entreprise,
» je te donnerai mille drachmes (environ 9,500 fr.) en
» récompense [1] ».

On trouve dans Polybe [2] des traits analogues concernant les Crétois. Cet historien dit encore qu'il est impossible de trouver des mœurs privées plus corrompues que celles des Crétois, et par suite, des actes publics plus injustes. Le nom de Crétois était devenu synonyme de menteur ; il était passé en proverbe qu'il est permis de *crétiser avec un Crétois* [3]. Enfin, il n'est pas jusqu'à saint Paul qui ne citera, en l'approuvant, la sentence du poète local Épiménide : « Un d'entre eux
» de cette île dont ils se font un prophète a dit
» d'eux : les Crétois sont toujours menteurs, ce sont
» de méchantes bêtes qui n'aiment qu'àmanger et à
» ne rien faire [4]. »

La traite des mercenaires, extirpée du Péloponèse, se faisait en grand en Crète. Une flotte de corsaires crétois ravagea de fond en comble l'île de Siphnos, qui avait été autrefois un refuge de bandits et de scélérats. Rhodes usait ses dernières forces contre

1. *Excerpt. Vatican.*, p. 118-120.
2. VIII, 18 et suiv. ; XXIII, 15 ; IV, 8.
3. πρὸς χρητὰ χρητίζειν,
4. *Épître à Tite*, I, 12.

les pirates de la Crète sans arriver à les détruire. Des secours furent demandés aux Romains.

Le Sénat donna mission au préteur Marcus Antonius, père du triumvir, de nettoyer toutes les mers et toutes les plages infestées par les pirates et leurs alliés du Pont. Dans les eaux de la Campanie, la flotte d'Antonius captura quelques brigantins et cingla vers la Crète. Antonius avait une si ferme assurance de la victoire qu'il portait sur sa flotte plus de chaînes que d'armes. Il fut bientôt puni de sa folle témérité. Les amiraux crétois, Lasthénès et Panarès, lui enlevèrent la plus grande partie de ses vaisseaux ; ils attachèrent et pendirent les corps des prisonniers romains aux antennes et aux cordages, et, déployant toutes leurs voiles, ils regagnèrent, comme en triomphe, les ports de la Crète (74 av. J.-C.) [1]. Cette victoire valut aux Crétois une paix honorable ; malheureusement elle était conclue par le préteur sans l'aveu du Sénat et du peuple, et Rome n'avait pas l'habitude de traiter quand elle était vaincue. Elle ne pouvait accepter la honte de l'entreprise téméraire de Marcus Antonius. Les Crétois le comprirent et résolurent de conjurer le danger. Ils envoyèrent en députation, à Rome, les citoyens les plus distingués. Ceux-ci visitèrent tous les sénateurs individuellement dans leurs maisons, et certainement essayèrent de les corrompre. Le Sénat

---

1. Florus, III, 8.

rendit un décret par lequel les Crétois étaient absous de toutes les accusations et reconnus amis et alliés de Rome. Mais Lentulus Spinther fit en sorte que ce décret ne reçut pas son exécution. Les ambassadeurs retournèrent dans leur pays. Il fut encore souvent question des Crétois dans le Sénat, car on savait qu'ils faisaient alliance avec les pirates. Ce fut même ce qui détermina le Sénat à publier un décret ordonnant aux Crétois d'envoyer à Rome tous leurs bâtiments, jusqu'aux embarcations à quatre rames, de remettre en otage trois cents habitants des plus distingués, de livrer Lasthénès et Panarès, vainqueurs d'Antonius, et de payer, comme une dette publique, quatre mille talents d'argent (22 millions). Les Crétois, informés de la teneur du décret, se réunirent en conseil. Les plus sages furent d'avis qu'il fallait se soumettre à tous les ordres du Sénat, mais Lasthénès et ses partisans craignirent d'être envoyés à Rome et d'y être punis ; ils excitèrent donc le peuple à défendre son antique indépendance [1].

Le Sénat romain résolut alors d'en finir avec la Crète. Le proconsul Quintus Métellus fut chargé de la guerre (69 av. J.-C.). Il débarqua avec trois légions près de Cydonie, où Lasthénès et Panarès l'attendaient à la tête de 24,000 hommes, légers à la course, endurcis au maniement des armes et aux fatigues de la

---

1. Diodore de Sicile, *Excerpt. de Legat.*, p. 631, 632.

guerre, habiles surtout à se servir de l'arc [1]. On combattit en rase campagne, et, après une chaude mêlée, les Romains demeurèrent maîtres du champ de bataille, mais les villes crétoises fermèrent leurs portes. Métellus dut les assiéger les unes après les autres. Panarès rendit Cydonie contre promesse de libre sortie. Lasthénès, qui était à Cnosse, voyant la ville sur le point de succomber, détruisit ses trésors et se réfugia dans d'autres lieux fortifiés tels que Lyctos et Éleuthera. Métellus fut implacable pour les vaincus. Les assiégés se tuaient plutôt que de se rendre à lui. Pour se venger de tant de cruautés, les Crétois imaginèrent d'enlever à Métellus l'honneur de subjuguer l'île en appelant Pompée pour lui faire leur soumission. C'était au moment où ce général venait d'être investi du commandement des mers et de toutes les côtes de la Méditerranée. Les Crétois députèrent vers lui pour le supplier de venir dans leur île, qui faisait partie de son gouvernement. Pompée accueillit leur requête et écrivit à Métellus pour lui défendre de continuer la guerre. Il manda aussi aux villes de ne plus recevoir les ordres de Métellus, et envoya, pour commander dans l'île, Lucius Octavius, un de ses lieutenants. Sentant sa conquête lui échapper, Métellus poursuivit la guerre avec une nouvelle vigueur. Il redoubla de cruauté et n'épargna même plus ceux qui

---

1. Velleius Paterculus, *Hist. rom.*, xxxiv.

s'étaient soumis à lui. Octavius prit alors ouvertement parti pour les Crétois. Arrivé dans l'île sans armée, il s'en forma une de tous les aventuriers et pirates qui se présentèrent, mais il ne put tenir campagne contre Métellus qui acheva la soumission de l'île et obtint les honneurs du triomphe avec le surnom de *Créticus*. Plutarque rapporte que la conduite de Pompée le rendit non moins ridicule qu'odieux. Pompée, dit-il, prêter son nom à des pirates, à des scélérats, et par rivalité, par jalousie contre Métellus, les couvrir de sa réputation comme d'une sauvegarde! Pompée combattait, dans cette circonstance, pour sauver les ennemis communs du genre humain, afin de priver un général d'un triomphe mérité par mille fatigues. Quant à Octavius, il fut renvoyé par Métellus, après avoir été, au milieu même du camp, accablé de reproches et de sarcasmes [1] (66 av. J.-C.).

1. Florus, *Hist. rom.*; Plutarque, *Vie de Pompée*; Appien, *De reb. sicul. et reliq. insul. Excerpt.*; xxx, *De Légat.*

CHAPITRE XXI

EXPLOITS DES PIRATES. — LEUR LUXE ET LEUR INSOLENCE.

Quoi qu'il en soit, dit Mommsen [1], jamais la puissance romaine n'avait été plus humiliée, jamais celle des pirates n'avait été plus grande sur la Méditerranée. Les flibustiers, sur leurs brigantins, se riaient des Servilius *l'Isaurique* et des Métellus *le Crétique*. En effet, quelques expéditions isolées ne pouvaient détruire cet insaisissable ennemi : chassés d'un point, les pirates reparaissaient sur un autre, et, grâce à l'habileté de leurs pilotes, à la légèreté de leurs navires, ils se jouaient, comme le guérillero espagnol [2], de toutes les poursuites.

La nouvelle guerre de Mithridate avait encore augmenté l'audace des pirates, qui renouèrent alliance avec le roi de Pont. En vain, Lucullus, marin éprouvé, à la tête d'une flottille, coule à fond cinq quinquirè-

---

1. *Histoire romaine*, liv. IV, ch. II.
2. Duruy, *Histoire des Romains*, XXIII.

mes qu'Isidorus menait à Lemnos, s'empare de trente-deux navires à l'ancre dans la petite île de Néa et passe au fil de l'épée huit mille corsaires, commandés par Séleucus dans les murs de Sinope (70-72 av. J.-C.), la piraterie n'en est pas moins en pleine prospérité[1].

Les vaisseaux corsaires montaient à plus de mille, et les villes dont ils s'étaient emparés à quatre cents. Les temples, jusqu'alors inviolables, furent profanés et pillés : ceux de Claros, de Didyme, de Samothrace; ceux de Cérès à Hermione et d'Esculape à Épidaure; ceux de Neptune dans l'isthme de Corinthe, à Ténare et à Calaurie; d'Apollon à Actium et à Leucade; de Junon à Samos et à Argos. Presque sous les yeux de Lucullus et de sa flotte, le pirate Athénodore surprit, en 65, la ville de Délos, devenue, depuis la ruine de Corinthe[2], le centre du commerce de la mer Égée et le principal marché d'esclaves du monde ancien, emmena tous ses habitants en esclavage et rasa ses sanctuaires, ses temples fameux, objets de la vénération des peuples et de la munificence des Lagides, des Séleucides et des rois de Macédoine. Dans la seule Samothrace, les pirates firent main basse sur un trésor de 1,000 talents (5,625,000 fr.). « Ils ont » réduit Apollon à la misère, s'écrie un poète du

---

1. Plutarque, *Vie de Lucullus.*
2. 146 ans av. J. C.

» temps, si bien que, quand l'hirondelle le vient vi-
» siter, de tant de trésors il ne reste pas une piécette
» d'or à lui offrir ! » Dans les temples, les pirates faisaient des sacrifices barbares, célébraient des mystères secrets, entre autres ceux de Mithras, qu'ils firent connaître les premiers et qui se répandirent de jour en jour dans l'empire romain, jusqu'au point de devenir une partie du culte de la famille impériale sous les Antonins [1].

Les pirates se faisaient honneur et trophée de leurs brigandages ; la magnificence de leurs navires était plus affligeante encore que n'était effrayant leur appareil. Les poupes étaient dorées, il y avait des tapis de pourpre et des rames argentées. Partout, sur les côtes, dit Plutarque [2], c'étaient des joueurs de flûte, de joyeux chanteurs, des troupes de gens ivres. Ils ressemblaient sans doute aux compagnons de *Conrad* de Byron, et chantaient peut-être comme eux : « Aussi
» loin que la brise peut porter, partout où les vagues
» écument, voilà notre empire, voilà notre patrie !...
» La mort est pour nous sans terreur, pourvu que
» nos ennemis meurent avec nous ; qu'elle vienne
» quand elle voudra ! Nous nous hâtons de jouir de
» la vie, et quand nous la perdons, qu'importe que

---

1. Preller, *Les dieux de l'ancienne Rome* ; Plutarque, *Vie de Pompée.*

2. *Vie de Pompée.*

» ce soit par les maladies ou dans les combats [1] ! »

Partout, à la honte de la puissance romaine, des citoyens de premier ordre, des César [2] et des Clodius [3], entre autres, étaient emmenés prisonniers et des villes surprises se rachetaient à prix d'argent. Cicéron parle même d'un consul enlevé par les pirates et d'ambassadeurs romains qui leur furent rachetés [4]. Les corsaires ne redoutaient nullement le voisinage de Rome; chose incroyable, l'île de Lipara, près de la Sicile, payait un gros tribut pour n'avoir point à redouter leur descente. Un de leurs chefs, Héracléon, avait détruit, en 72, une escadre armée contre lui, et, avec quatre embarcations seulement, il avait osé pénétrer jusque dans le port de Syracuse. Quelque temps après, Pyrgamion, son camarade de rapines, se montre dans les mêmes eaux, débarque, se fortifie sur le même point et envoie ses coureurs dans toute l'île, pendant que le fameux Verrès vit dans la débauche à Syracuse [5]. Dans toutes les provinces, il est désormais d'usage d'avoir une escadre prête et des garde-côtes apostés. Mais cela n'empêche pas les pirates d'arriver et de piller des provinces que les gouverneurs de la République pillent eux-mêmes.

1. *Le Corsaire*.
2. Plutarque, *Vie de César*.
3. Appien, *Bell. civil.*, II, 23.
4. *Pro lege Manilia*.
5. Cicéron, *In Verr.*, II, v, 35 et suiv.

Bientôt les audacieux forbans ne respectent même plus le territoire de l'Italie. Ils descendent à terre, infestent les chemins par leurs brigandages et ruinent les maisons de plaisance voisines de la mer. Près de Crotone, ils enlèvent le trésor de Junon Lacinienne, que Pyrrhus et Annibal avaient respecté ; à Caïète, ils dévastent le port sous les yeux d'un préteur ; à Misène, ils ravissent la fille d'Antonius, l'amiral romain ; à Ostie, la flotte romaine est brûlée ; des patriciennes et deux préteurs, Sextilius et Bellinus, sont emmenés avec toute leur suite, avec les haches tant redoutées, les faisceaux et les autres insignes [1]. Pour comble d'insolence, lorsqu'un prisonnier s'écriait qu'il était Romain et disait son nom, les flibustiers feignaient l'étonnement et la crainte ; ils se frappaient la cuisse, se jetaient à ses genoux et le priaient de pardonner. Le prisonnier se laissait convaincre à cet air d'humilité et de supplication. On lui remettait alors des souliers et une toge, afin qu'il ne fût plus méconnu. Après s'être ainsi longtemps moqués de lui et avoir joui de son erreur, les pirates finissaient par jeter une échelle au milieu de la mer et lui ordonnaient de descendre et de retourner chez lui ; si le malheureux refusait, ils le précipitaient eux-mêmes et le noyaient [2].

1. Plutarque, *Vie de Pompée* ; Appien, *Bell. Mithrid.*, XCIII ; Cicéron, *Pro lege Manilia*, XIII.
2. Plutarque, *Vie de Pompée*.

Le blocus autour de l'Italie était complet; plus de commerce ni de relations internationales. La cherté la plus affreuse régnait en Italie et surtout dans Rome, qui ne vivait que du blé sicilien et africain. La famine s'y mit. Ce fut alors que le peuple qui, pour quelques sesterces, vendait ses suffrages, comme le dit si énergiquement Duruy [1], pour ses cinq boisseaux par mois, donna l'empire.

1. *Histoire des Romains*, XXIII.

CHAPITRE XXII

LA LOI GABINIA. — POMPÉE. — LA CILICIE.

L'an 67, le tribun Gabinius, ami de Pompée, qui portait le surnom de Grand depuis la guerre contre Sertorius, proposa qu'un des consulaires fût investi pour trois ans, avec une autorité absolue et irresponsable, du commandement des mers et de toutes les côtes de la Méditerranée jusqu'à 400 stades[1] dans dans l'intérieur. Cet espace renfermait une grande partie des terres soumises à la domination romaine, les nations les plus considérables, les rois les plus puissants. La loi donnait en outre à ce consulaire le droit de choisir dans le Sénat quinze lieutenants pour remplir les fonctions qu'il leur assignerait, de prendre chez les questeurs et les fermiers de l'impôt tout l'argent qu'il voudrait, d'équiper une flotte de deux cents voiles et de lever tous les gens de guerre, tous les rameurs et tous les matelots dont il aurait besoin.

1. Environ vingt lieues; Plutarque, *Vie de Pompée* ; Velleius Paterculus, II, 31.

Les nobles s'effrayèrent de ces pouvoirs inusités qu'on destinait à Pompée, bien que Gabinius n'eût pas prononcé son nom ; ils faillirent massacrer le tribun. César appuya fortement la loi, c'était le premier pas du peuple, las d'une République en ruine, vers l'empire fort et puissant. L'assemblée du peuple doubla les forces que le décret avait fixées et accorda au général 500 galères, 120,000 fantassins et 5,000 chevaux.

À cette nouvelle, les pirates abandonnèrent les côtes d'Italie, le prix des vivres baissa subitement, et le peuple de crier que le nom seul de Pompée avait terminé la guerre.

Le dictateur s'occupa aussitôt d'organiser son expédition. Il manda à tous les rois et alliés du peuple romain d'unir leurs forces aux siennes dans un commun intérêt. Les Rhodiens fournirent un grand nombre de vaisseaux qui furent les meilleurs parmi la flotte. Pompée eut l'heureuse idée de former plusieurs escadres dont il donna le commandement à des chefs expérimentés, qui tous étaient égaux et avaient chacun l'*imperium* dans le département qui lui était assigné. Tibère Néron reçut l'ordre de croiser dans les mers d'Espagne ; Pomponius dans celles des Gaules et de Ligurie ; Marcellus et Attilius, sur les côtes d'Afrique, de Sardaigne et de Corse ; Gellius et Lentulus, sur celles de l'Italie et de Sicile ; Plotius et Varron eurent pour département la mer d'Ionie ;

Cinna, le Péloponèse, l'Attique, l'Eubée, la Thessalie, la Macédoine et la Béotie ; Lolius, la mer Égée et l'Hellespont; Pison, la Bithynie, la Thrace, la Propontide, le Pont-Euxin ; Métellus Nepos, les mers de Lycie, de Pamphylie, de Chypre et de Phénicie.

Pompée présidait à tout, et, de Brindes, se portait sur les points où il jugeait sa présence nécessaire. Ce plan, habilement conçu, fut bien exécuté : les ports, les golfes, les retraites, les repaires, les promontoires, les détroits, les péninsules, tout ce qui servait de refuge aux pirates, fut enveloppé, fut pris comme dans un filet. Les corsaires qui avaient échappé à une escadre tombaient bientôt dans une autre, et une fois qu'ils avaient été obligés de s'éloigner d'un parage, ils n'y pouvaient plus revenir, parce que les forces qui les en avaient chassés les poussaient devant elles du côté de l'Orient et de la Cilicie. Ils cherchèrent une retraite en divers endroits de cette contrée, comme des essaims d'abeilles dans leurs ruches.

En quarante jours, les flottes des pirates, du reste sans cohésion entre elles et sans unité de direction militaire, furent dissipées, et les mers, depuis les colonnes d'Hercule jusqu'à la Grèce, furent entièrement libres. Les provisions arrivèrent en grande quantité et les marchés de Rome furent abondamment pourvus.

Pompée partit alors pour l'Orient afin de frapper le coup décisif, et fit voile, avec soixante forts navires, droit sur l'antique et principal repaire des flibustiers, la côte de Lycie et de Cilicie. En voyant approcher la flotte romaine, victorieuse et imposante, de nombreux écumeurs de mer vinrent se rendre avec leurs femmes, leurs enfants et leurs brigantins. Pompée les traita avec douceur : maître de leurs vaisseaux et de leurs personnes, il ne leur fit aucun mal. Cette généreuse conduite fit concevoir aux autres d'heureuses espérances ; ils évitèrent les lieutenants de Pompée et ils allèrent se rendre à lui. Pompée leur fit grâce à tous, et se servit d'eux pour dépister et prendre ceux qui se cachaient encore. La douceur calculée du général lui ouvrit les portes des deux forteresses de Kragos et d'Antikragos.

Cependant les plus nombreux et les plus puissants parmi les pirates avaient mis en sûreté leurs familles, leurs richesses et la multitude inutile dans des châteaux forts du mont Taurus, et, montés sur leurs vaisseaux, devant Coracésium, en Cilicie, ils attendirent Pompée qui s'avançait sur eux à toutes voiles. Ils opposèrent d'abord une vive résistance, mais elle ne fut pas de longue durée. Entièrement défaits, ils abandonnèrent leurs navires et se renfermèrent dans la ville pour soutenir le siège. Ils demandèrent bientôt à être reçus à composition ; ils se rendirent et livrèrent les villes et les îles qu'ils occupaient et qu'ils avaient si bien fortifiées qu'elles étaient difficiles à forcer et presque inaccessibles.

Les Romains trouvèrent dans les places qui leur furent remises, et surtout dans la citadelle du cap de Coracésium, bâtie par Diodote Tryphon, un des anciens chefs de pirates, tué en 144 par Antiochus, fils de Démétrius, une quantité prodigieuse d'armes, beaucoup de navires, dont plusieurs étaient encore sur les chantiers, des amas immenses de cuivre, de fer, de voiles, de bois, de cordages, de matériaux de toutes sortes, et un grand nombre de captifs que les pirates gardaient, soit dans l'espoir d'en tirer une forte rançon, soit pour les employer aux plus rudes travaux. Pompée s'empressa de délivrer et de renvoyer ces malheureux prisonniers, parmi lesquels figuraient Publius Clodius, l'amiral de la flotte romaine permanente de Cilicie, et d'autres grands seigneurs romains. Plusieurs d'entre eux, que l'on avait cru morts, trouvèrent, en rentrant dans leurs foyers, leurs noms inscrits sur des cénotaphes.

En moins de trois mois, l'heureux général avait tué 10,000 pirates, fait 20,000 prisonniers, pris 400 vaisseaux, dont 90 armés d'éperons, coulé à fond 1,300 autres et occupé 120 citadelles, forts ou refuges. Il livra aux flammes les arsenaux pleins et les magasins d'armes [1].

Les 20,000 prisonniers, qu'allaient-ils devenir ?

---

[1]. Appien, *De bell. Mith*, 91-93; Plutarque, *Vie de Pompée*; Florus, *Hist. rom.* III, 7; Velleius Paterculus, 31-36.

C'est ici que la conduite politique de Pompée fut véritablement admirable. Jusqu'alors, les pirates captifs avaient été mis en croix. Il ne voulut pas faire mourir ces prisonniers, mais il ne crut pas sûr de renvoyer tant de gens pauvres et aguerris, ni de leur laisser la liberté de s'écarter ou de se rassembler de nouveau. Réfléchissant, dit Plutarque, que l'homme n'est pas de sa nature un être farouche et insociable, qu'il ne le devient qu'en se livrant au vice, contre son naturel, qu'il perfectionne ses mœurs, au contraire, en changeant d'habitation et de genre de vie, et que les bêtes sauvages elles-mêmes, quand on les accoutume à une existence plus douce, dépouillent leur férocité, Pompée résolut de transporter les captifs loin de la mer, dans l'intérieur des terres, et de leur inspirer le goût d'une vie paisible, en les habituant au séjour des villes ou à la culture des champs. Il établit, en conséquence, une partie des prisonniers dans trente-neuf petites villes de la Cilicie, telles que Mallus, Adana, Épiphanie, etc., qui consentirent, moyennant un accroissement de territoire, à les incorporer parmi leurs habitants. La ville de Soli, dont Tigrane, roi d'Arménie, avait naguère détruit la population, reçut un grand nombre de pirates qui la relevèrent de ses ruines et l'appelèrent Pompéiopolis. D'autres furent envoyés à Dymé d'Achaïe, qui manquait alors d'habitants et dont le territoire était étendu et fertile, et d'autres enfin furent transportés en Italie.

Cette sage mesure produisit un résultat excellent. Dès que les pirates n'eurent plus besoin de piller pour vivre, ils perdirent le goût du pillage. Ce vieillard corycien, *Corycium senem,* si content de son sort, dont Virgile fait l'éloge, était un de ces anciens pirates :

« Au pied des remparts élevés de Tarente, aux lieux
» où le noir Galèse arrose dans son cours les moissons
» jaunissantes, je me souviens d'avoir vu un vieillard
» de Corycus qui possédait quelques arpents d'un
» terrain abandonné ; ce sol n'était ni propre au la-
» bour, ni favorable aux troupeaux, ni propice à la
» vigne. Là, pourtant, au milieu des broussailles, le
» vieillard avait planté quelques légumes que bor-
» daient des lis blancs, des verveines et des pavots ;
» il se croyait aussi riche qu'un roi,

Regum æquabat opes animo,

» et le soir quand il rentrait au logis, il chargeait sa
» table de mets qu'il n'avait point achetés... [1] »

La rapidité de l'expédition et la sage politique de Pompée valurent à ce général un triomphe éclatant et l'admiration du peuple romain et des vaincus eux-mêmes. Ce fut en souvenir de son nom que les pirates s'enrôlèrent plus tard sous les ordres de son fils Sextus. Pompée continua ses succès en Asie et fit

---

1. Virgile, *Géorgiques,* IV, 125-148.

inscrire, sur un monument qu'il éleva, ses actions glorieuses : « Pompée le Grand, fils de Cnéius, *impe-* » *rator,* a délivré tout le littoral et toutes les îles en » deçà de l'Océan, de la guerre des pirates ; il a sauvé » du péril le royaume d'Ariobarzane, investi par les » ennemis ; il a conquis la Galatie, les contrées ou » provinces les plus éloignées de l'Asie, ainsi que la » Bithynie ; il a partagé la Paphlagonie, le Pont, l'Ar- » ménie, l'Achaïe, la Colchide, la Mésopotamie, la » Sophène, la Gordienne ; il a soumis le roi des » Mèdes, Darius, le roi des Ibériens, Artocès, Aris- » tobule, roi des Juifs, Arétas, roi des Arabes Naba- » téens, la Syrie, voisine de la Cilicie, la Judée, l'Ara- » bie, la Cyrénaïque, les Achéens, les Iozyges, les Soa- » niens, les Héniaques et les autres peuplades éta- » blies entre la Colchide et le Palus-Méotide, ainsi » que les rois de ces pays, au nombre de neuf ; enfin » tous les peuples qui habitent entre le Pont-Euxin » et la mer Rouge ; il recula l'empire de Rome jus- » qu'aux limites de la terre : il conserva les revenus » des Romains et les augmenta encore ; il enleva aux » ennemis les statues, les images des dieux, ainsi » que d'autres ornements, et consacra à la déesse » 12,060 pièces d'or (environ 332,600 fr.) et 307 ta- » lents d'argent (1,650,000 fr.) [1]. »

Cependant la piraterie ne fut pas entièrement dé-

---

[1]. Diodore de Sicile, *Excerpt., Vatican.*, p. 128-130.

truite ; les conquêtes faites si rapidement sont rarement durables. Un jour viendra où Rome sera plongée dans l'anarchie et où son bras ne se fera plus sentir au loin ; alors la piraterie se réveillera aussitôt. Quant à la Cilicie, elle supportera difficilement le joug des Romains. L'histoire nous apprend, en effet, que Cicéron, dans son commandement de cette province (51-50 av. J.-C.), comprima une révolte, s'empara des villes de Sepyra, de Commoris, d'Erana et de six autres forteresses du mont Amanus. Il fit capituler aussi la ville de Pindenissum, située sur un pic élevé et refuge des fugitifs et des brigands. Fier de ces faciles succès, Cicéron était, en effet, à la tête de 12,000 fantassins et de 2,600 chevaux, il adressa des supplications au Sénat pour obtenir des prières publiques par lesquelles les Romains remercieraient les dieux de ses succès militaires. Rien n'est plus curieux que la lettre qu'il écrivit à Caton [1] pour lui demander l'appui de son autorité incontestée au Sénat. A l'en croire, Cicéron a sauvé la république ; il voyait déjà « sa province, la Syrie, *l'Asie tout entière,* ravies à la » domination romaine ! » Et cependant il avait dit un jour sagement : « Gardons-nous d'imiter le soldat » fanfaron, *deforme est imitari militem gloriosum.* » Caton et le Sénat parurent peu disposés à accueillir cette *vanterie,* mais les amis de Cicéron « se don-

---

[1]. *Lettres familières,* xv, 4.

» nèrent tant de tablature [1], » que les honneurs et les prières furent accordés. L'orateur *général* fut salué par ses troupes du titre d'*imperator* [2], et une médaille fut même frappée en son nom à Laodicée [3].

1. *Lettres familières*, VIII, 11, « *Non diù sed acriter nos tuæ supplicationes torserunt* ».
2. Plutarque, *Vie de Cicéron*.
3. Schulz, *Hist. rom. par les médailles*.

CHAPITRE XXIII

CONQUÊTE DE L'ILE DE CYPRE ET DE L'ÉGYPTE.

Il restait à Rome, pour devenir complètement maîtresse de la Méditerranée, à établir sa domination dans l'île de Cypre et en Égypte.

L'île de Cypre ne dépendait plus en réalité de l'Égypte, où, du reste, la dynastie lagide, affaiblie par ses dissensions, dégradée par ses vices, détestée pour ses crimes, n'avait plus qu'une autorité précaire. Elle s'offrait comme une proie aux Romains.

Lorsque Clodius fut pris par les pirates, il manda au roi de Cypre, Ptolémée, de lui envoyer l'argent nécessaire à sa rançon. Ptolémée était riche, avare et lâche; il n'osa refuser, mais il n'envoya que deux talents, dont les pirates ne voulurent pas se contenter. Ils relâchèrent cependant leur captif sur parole, et Clodius jura de se venger d'un roi qui l'avait estimé si peu[1]. Étant devenu tribun, en l'an 59, le célèbre agitateur fit rendre un décret qui déclarait l'île

---

1. Appien, *Guerres civiles*, II, 23.

de Cypre province romaine et qui ordonnait la confiscation des biens de Ptolémée. Ce n'était pas assez pour Clodius d'écraser un faible prince, il se donna aussi le plaisir de mortifier, d'humilier le fier Caton, en le chargeant de cette honteuse mission. « A mes
» yeux, lui dit-il, tu es de tous les Romains l'homme
» dont la conduite est la plus pure, et je veux te
» prouver que j'ai réellement de toi cette haute idée.
» Bien des gens demandent, et avec de pressantes
» instances, qu'on les envoie à Cypre, mais je te
» crois seul digne de ce commandement et je me fais
» un plaisir de t'y nommer. »

Caton se récria que cette proposition était un piège et une injure plutôt qu'une grâce. « Eh bien ! reprit » Clodius d'un ton fier et méprisant, si tu ne » veux pas y aller de gré, tu partiras de force. » Et il se rendit aussitôt à l'assemblée du peuple, et il y fit passer le décret qui envoyait Caton à Cypre, sans lui accorder ni vaisseaux ni soldats.

Par un coup de bonne fortune pour Caton, Ptolémée prit du poison et se donna la mort. Il n'y avait plus qu'à recueillir la succession. Caton se rendit dans l'île, où il trouva des richesses prodigieuses et vraiment royales en vaisselle d'or et d'argent, en meubles précieux, en pierreries, en étoffes de pourpre. Il fallut tout vendre. L'intègre Caton, jaloux que cette vente se passât dans les règles, et voulant faire monter, dans l'intérêt du trésor romain, les effets à leur plus haute valeur, assista lui-même aux enchères et porta en compte jusqu'aux moindres sommes. Il rapporta de Cypre près de 7,000 talents (40,000,000 fr.); il en chargea des caisses qui contenaient chacune 2 talents 500 drachmes (environ 12,000 fr.). Il fit attacher à chaque caisse une longue corde, au bout de laquelle on mit une grande pièce de liége, afin que si le vaisseau venait à se briser, les pièces de liége, flottant sur l'eau, indiquassent l'endroit où seraient les caisses. Tout cet argent, à peu de chose près, arriva heureusement à Rome. Quand on vit porter à travers le Forum ces sommes immenses d'or et d'argent, l'admiration pour Caton ne connut plus de bornes. De tant de richesses, Caton ne s'était réservé qu'une statuette du célèbre Zénon le stoïcien [1].

L'île de Cypre fut érigée en province prétorienne. Habituée depuis de longues années à la domination étrangère, elle accepta celle de Rome avec résignation.

En 58, le roi d'Égypte, Ptolémée Aulétès, « le joueur de flûte », fils du roi de Cypre, fut chassé par son peuple. Il demanda l'appui des Romains, et le proconsul de Syrie, Aulus Gabinius, fut chargé par les triumvirs de faire le nécessaire pour le ramener dans ses États. Le peuple alexandrin avait mis la

---

1. Plutarque, *Vie de Caton le Jeune*; Velleius Paterculus, XLV; Florus, III, x.

couronne sur la tête de Bérénice, fille aînée du roi expulsé, et lui avait choisi pour époux Archélaos, grand prêtre de la déesse Ma, à Comæna. Celui-ci, après avoir vainement tenté de gagner les hommes tout-puissants de Rome, résolut de disputer son royaume les armes à la main. Il équipa une flotte, formée en grande partie de pirates ; mais Gabinius accourut en Égypte et remporta de brillants succès, grâce à l'habileté du chef de cavalerie, Marc-Antoine, le futur triumvir. Archélaos fut tué dans un combat et Ptolémée rétabli sur le trône. A dater de ce jour, les Romains eurent un pied en Égypte. César, à qui rien ne pouvait résister, après avoir conquis la Gaule et battu Pompée, organisa l'Égypte et la donna à Cléopâtre.

Rome était enfin reine de la mer. Jusqu'à la mort de César il ne fut plus question de la piraterie dans la Méditerranée.

CHAPITRE XXIV

SEXTUS POMPÉE ET LA PIRATERIE. — AUGUSTE.

Pendant les troubles qui suivirent l'assassinat de César, c'est-à-dire pendant les guerres que les triumvirs soutinrent contre Cassius, Brutus et Sextus Pompée, la piraterie se réveilla. Cassius, à la tête d'une escadre formée sur les côtes de Cilicie et presque entièrement composée d'anciens pirates de cette région, n'attendant que l'occasion de reprendre leurs courses sur mer, se jeta sur l'île de Rhodes, la pilla, sans épargner ni les offrandes consacrées dans les temples, ni les statues mêmes des dieux, et se retira chargé d'un immense butin [1].

D'un autre côté, comme on va le voir, Sextus, fils de Pompée, donna une organisation puissante à la piraterie et se rendit formidable sur mer.

Après la mort de son père et de son frère aîné, Sextus Pompée s'était soustrait à la poursuite de César, en se cachant et en exerçant obscurément la

---

1. Appien, *Guerres civiles*, IV, 65 et suiv.

piraterie dans les eaux d'Espagne [1]. Il était parvenu peu à peu à réunir un certain nombre de pirates autour de lui. Il se fit connaître comme le fils du grand Pompée, et aussitôt tous ceux qui avaient combattu sous les ordres de son père et de son frère accoururent le rejoindre. Arabion, fils de Massinissa, qui avait été dépouillé de son royaume de Libye, vint grossir les forces de Pompée avec une escadre et une troupe. Sextus eut alors l'ambition d'être autre chose qu'un pirate.

Les lieutenants de César, en Espagne, avertirent leur général du bruit qui se faisait autour du nom de Sextus Pompée. César envoya contre lui Carina, qui fut battu, et Sextus, profitant de sa victoire, s'empara de plusieurs places espagnoles. César donna le commandement d'une seconde armée à Asinius Pollion; mais ce dernier était à peine parti que César fut assassiné.

A cette nouvelle, Sextus se rendit avec célérité à Marseille, et y attendit les événements. Le Sénat le nomma amiral de la mer, haute fonction que son père avait occupée autrefois. Sextus, en homme prudent, ne rentra pas à Rome ; il rassembla toute sa flotte, fit des recrues dans les ports et s'empara du gouvernement de la Sicile. A partir de ce moment, Sextus Pompée devint un ennemi redoutable pour

---

[1]. Appien, *Guerres civiles*, II, 105 ; IV, 83 et suiv., 25, 36 ; V. 2, 15, 26, 143.

les nouveaux triumvirs. En effet, les proscriptions terribles qui eurent lieu à cette époque jetèrent dans ses bras un grand nombre de citoyens, d'hommes d'armes et d'esclaves. Il fit proclamer dans les villes qu'il recevait tous les fugitifs, libres ou esclaves, et qu'il leur donnait une solde double de celle que les triumvirs accordaient aux meurtriers. Il envoya des trirèmes parcourir les côtes pour recueillir les proscrits et recruter des partisans qu'il équipa et arma aussitôt. Il donna des fonctions élevées sur terre et sur mer à ceux qui étaient aptes à les tenir dignement. Aussi Appien dit-il que, dans ces temps si durs, Sextus Pompée mérita bien de la patrie et soutint l'honneur du nom qu'il portait.

Toutefois, Sextus, qui ambitionnait de devenir maître de la mer, appela tous les pirates expérimentés d'Afrique, d'Espagne et d'Asie. Sa puissance inquiéta les triumvirs et sa tête fut mise à prix. Octave envoya même contre lui Salvidiénus avec une grosse flotte. Instruit des projets de son adversaire, Sextus se jette au-devant de lui et l'aborde impétueusement près de Scylla. Ses navires légers et habilement manœuvrés par des mains exercées se meuvent avec aisance et rapidité; ceux de Salvidiénus, gros et lourds, peuvent à peine remuer. La mer s'agite, les vaisseaux pompéiens restent dociles au gouvernail, tandis que les autres sont mis en désordre et se montrent rebelles à toute manœuvre. La nuit étant survenue, les deux flottes ennemies se retirèrent, non sans avoir perdu quelques navires.

Sextus fit alliance contre les triumvirs avec Cassius et Brutus. Après la défaite et la mort de ceux-ci, Murcus et Domitius Ahenobarbus qui commandaient leur escadre arrivèrent se ranger sous les ordres de Sextus. Ils infestèrent en commun les côtes d'Italie. Sextus devint alors maître tout-puissant de la mer. Il exerçait une autorité absolue. Ses deux lieutenants favoris étaient deux pirates, Ménodorus et Ménécratès, marins intrépides, mais hommes sans honneur et sans foi, aussi prêts à la trahison et au crime qu'au pillage et au combat. En vain, Murcus essaie-t-il à diverses reprises de combattre l'influence funeste de ces deux flibustiers sur l'esprit de Pompée, Ménodorus domine son maître. Un jour le malheureux Murcus est assassiné par l'ordre de Sextus, et son cadavre mis en croix comme celui d'un scélérat [1].

La puissance de Sextus Pompée était véritablement formidable : il possédait la Sicile et la Sardaigne ; sa flotte immense et bien appareillée faisait la course et interceptait les arrivages en Italie. Rome manquait de pain comme au temps le plus florissant de la piraterie. Le peuple affamé demanda à grands cris que les triumvirs fissent alliance avec celui qui se vantait, à juste titre, de régner sur la mer. Antoine et

---

1. Appien, *Guerres civiles*, v, 70.

Octave étaient d'accord, non pour traiter avec Sextus, mais pour lui faire la guerre. C'est pourquoi ils essayèrent de lever de nouveaux impôts. Ils publièrent un édit qui obligeait les propriétaires à fournir cinquante sesterces par tête d'esclave, et qui attribuait au fisc une portion de tous les héritages. Cet édit porta au comble la fureur du peuple. Dans les jeux du cirque, la foule fit éclater des applaudissements frénétiques quand elle vit paraître la statue de Neptune, afin de témoigner ainsi sa sympathie pour Sextus que l'on appelait *Fils du dieu des mers*. Quelques jours après, le tumulte devint si grand qu'Octave se crut obligé de paraître dans les groupes qui proféraient des menaces contre les triumvirs. Il eût été assassiné peut-être si Antoine ne fût venu avec ses soldats et n'eût fait tuer les plus mutins. On jeta les cadavres dans le Tibre; mais la foule ne s'en montra que plus exaspérée, et, par de nouvelles clameurs, elle força les triumvirs à négocier avec Sextus Pompée [1].

On arrêta le plan d'une conférence sur la pointe du cap de Misène. Pompée avait sa flotte non loin de là, et les deux triumvirs leurs armées en bataille vis-à-vis. Sextus demanda aussitôt à entrer dans le triumvirat en la place de Lépidus. Cette demande fut

---

1. Appien, *Guerres civiles,* v. 67 et suiv. ; Dion, XLVIII, 19-36 ; Plutarque, *Vie d'Antoine* ; Suétone, *Vie d'Auguste* ; Velleius Paterculus, LXXVII et suiv.

repoussée. Déjà Sextus allait rompre la négociation lorsqu'à force de prières, on l'amena à diminuer ses prétentions. Dans le traité qui fut conclu (39 av. J.-C.), il stipula pour lui-même et pour tous ceux qui l'avaient suivi dans l'exil ou qui servaient sur ses vaisseaux. On lui assura la possession de la Sicile, de la Sardaigne, de la Corse, et à ces trois îles on ajouta l'Achaïe. On lui promit ensuite le consulat et le paiement de 70 millions de sesterces sur les biens de son père. On accorda amnistie pleine et entière à ceux qui s'étaient réfugiés auprès de lui ; on n'excepta pas même les proscrits, parmi lesquels se trouvaient de grands personnages, Claudius Néron, M. Silanus, Sentius Saturninus, Aruntius, Titius, etc. Enfin, comme il y avait dans ses équipages un grand nombre d'esclaves fugitifs, il fut décidé qu'ils ne seraient point rendus à leurs maîtres et qu'ils jouiraient de la liberté. A ces conditions, Sextus promit de retirer ses troupes des postes occupés en Italie, de ne plus recevoir d'esclaves, de ne point augmenter ses forces navales, de défendre les côtes contre les pirates et d'envoyer enfin à Rome les redevances en blé et les impôts que lui payaient autrefois les îles qui lui étaient abandonnées.

Quand on vit, à l'issue de la négociation, les trois chefs s'embrasser en signe de paix et d'amitié, un même cri de joie partit de la flotte, de l'armée et de toute l'Italie. Il semblait que ce fût la fin de toutes les guerres et de tous les maux. Avant de se séparer, les trois plus puissants Romains d'alors se donnèrent des fêtes. Le sort désigna Pompée pour traiter le premier ses nouveaux amis. « Mais où souperons-» nous ? demanda joyeusement Antoine. — Dans » mes carènes, » répondit Sextus en montrant sa galère. Mordante équivoque, disent les historiens, qui rappelait qu'Antoine possédait à Rome, dans le quartier des Carènes, la maison du grand Pompée. Au milieu du festin, quand les convives, échauffés par le vin, lançaient mille brocards sur Antoine et sur Cléopâtre, le pirate Ménas, lieutenant de Sextus, s'approcha de lui, et lui dit à voix basse : « Veux-tu » que je coupe les câbles des ancres et que je te rende » maître, non seulement de la Sicile et de la Sar- » daigne, mais de tout l'univers ? » Sextus réfléchit, la tentation était puissante ; mais il répondit comme le devait faire le fils d'un grand homme : « Il fallait » agir sans m'en prévenir, Pompée ne peut violer la » foi jurée [1]. » Après avoir été fêté à son tour par Octave et par Antoine, Sextus mit à la voile et regagna la Sicile.

La paix de Misène ne fut qu'une trêve. Sextus, roi de la mer, était impatient de recommencer la guerre : les pirates avides de pillage, ses funestes conseillers,

1. Plutarque, *Vie d'Antoine*. — Appien, v, 73, attribue à Ménodorus le propos et non à Ménas.

l'y excitaient sans relâche. Les triumvirs lui en fournirent le prétexte. D'abord Antoine n'avait pas voulu le laisser entrer en possession de l'Achaïe ; ensuite Octave avait refusé de rétablir dans leurs droits et privilèges tous les exilés et proscrits qui s'étaient réfugiés en Sicile. Sextus donna l'ordre aussitôt aux pirates de ravager les côtes italiennes, et bientôt Rome se trouva encore une fois en proie à la famine. Aussi le peuple disait que la prétendue paix n'était qu'un malheur de plus et que c'était un quatrième tyran que les triumvirs s'étaient adjoint. Octave s'empara de quelques-uns de ces pirates qui avouèrent qu'ils obéissaient aux ordres de Sextus Pompée. Aussi, l'historien Florus ne peut-il s'empêcher de s'écrier : « Oh ! que le fils diffère du père ! l'un a exterminé » les pirates ciliciens, l'autre les associe à ses desseins [1] ! »

La réorganisation de la piraterie donnait une immense puissance à Sextus, qui fondait les plus grandes espérances dans le succès de ses armes ; ses forces navales, en effet, étaient considérables, ses vaisseaux, solidement construits et presque tous munis de tours. Quant à Octave, le rival direct de Sextus, il ne possédait qu'un très petit nombre de vaisseaux ; ses collègues, Antoine et Lépidus, paraissaient peu disposés à le soutenir ; il ne se croyait donc pas en

---

1. Florus, IV, et les auteurs précités.

mesure de résister à Sextus. Il fut admirablement servi dans cette circonstance par les rancunes de plusieurs grands personnages qui s'étaient réfugiés auprès de Pompée et qui gémissaient de voir leur chef si docile aux conseils de ses affranchis et dominé même par Ménodorus. Ils finirent par exciter Pompée à se défier de Ménodorus. Sur ces entrefaites, Philadelphe, affranchi d'Octave, s'aboucha dans un voyage sur mer avec Ménodorus; Micylion, l'ami le plus dévoué de Ménodorus dans l'entourage d'Octave, se chargea de détacher définitivement Ménodorus de la cause de Pompée. Ménodorus promit de livrer la Sardaigne, la Corse, trois légions et d'apporter le concours d'un très grand nombre d'amis. Octave feignit d'abord de se montrer indifférent envers Ménodorus, mais il ne tarda pas à accueillir le traître avec distinction. Il le fit inscrire parmi les chevaliers, lui donna le commandement de la flotte, mais il lui adjoignit prudemment un officier expérimenté, Calvisius Sabinus. Il s'empressa de construire aussitôt de nombreux travaux de défense sur les côtes de l'Italie, afin de s'opposer à un débarquement de Sextus. Il se transporta à Tarente pour prendre le commandement de sa flotte, et ordonna à Ménodorus et à Calvisius de descendre la mer Tyrrhénienne afin d'opérer une jonction dans la mer de Sicile [1].

1. Appien, *Bell. civil.*, v. 78 et suiv.

Sextus Pompée le prévint ; il envoya contre Ménodorus et Calvisius le corsaire Ménécratès, et attendit lui-même, dans le port de Messine, l'arrivée d'Octave. Ménécratès rencontra la flotte de Toscane à la hauteur de Cumes. Calvisius l'avait rangée en croissant, tout près des côtes. Les navires ne pouvaient ainsi manœuvrer que difficilement et étaient exposés, en cas d'échec, à être rejetés sur les rochers. Cependant, malgré le désavantage de cette position, ils combattirent longtemps avec beaucoup de valeur. Une lutte terrible s'engagea entre la galère de Ménodorus et celle de Ménécratès. La haine qui animait les deux corsaires semblait augmenter l'ardeur des équipages. Enfin, Ménécratès fut blessé à la cuisse et mis hors de combat ; ses marins consternés se rendirent ; quant à lui, il se jeta dans la mer pour ne pas tomber au pouvoir de son plus cruel ennemi. Démocharès, autre affranchi de Pompée, lieutenant de Ménécratès, prenant alors le commandement de la flotte, réunit ses meilleures trirèmes, court à force de rames sur les bâtiments de Calvisius, en brise ou en coule plusieurs et disperse les autres. Après ce succès, Démocharès ramène sa flotte en bon ordre dans les eaux de Messine.

Sextus, à la tête de toute son armée navale, se porte aussitôt contre Octave, et le bat près de l'écueil célèbre de Scylla. Il lui eût pris ou détruit tous ses vaisseaux, si on ne lui eût signalé l'arrivée de Ménodorus et de Calvisius. Pour échapper à l'esclavage ou à la mort, tous les équipages d'Octave se sauvèrent à terre, et le triumvir suivit leur exemple. Pour comble de malheur, une tempête furieuse s'éleva, et Octave put contempler, du rocher où il s'était réfugié, la mer couverte des débris de ses vaisseaux consumés par l'incendie ou brisés par l'ouragan. La flotte de Ménodorus et de Calvisius, qui avait gagné la pleine mer, échappa seule, au moins en partie, à ce grand désastre.

Les forces navales d'Octave étaient anéanties. Tant de revers n'abattirent pas son courage. Il fit construire de nouveaux navires et invita ses collègues à joindre leurs efforts aux siens contre Sextus Pompée. Antoine lui prêta 120 galères ou plutôt les échangea pour des légions, et Lépidus 70. Au moment de reprendre la mer, Octave fit avec pompe la lustration de sa flotte. On avait dressé des autels sur le rivage, dit Appien[1], les galères étaient rangées en face sur deux lignes; les matelots et les soldats observaient un profond silence. Les prêtres, après avoir égorgé les victimes, prirent place dans des esquifs richement ornés et tournèrent trois fois autour des navires en conjurant les dieux d'écarter les malheurs dont la flotte pouvait être menacée.

Octave donna le signal du départ, mais une tem-

---

1. *Bell. civil.*, v, 96.

pête furieuse éclata presque aussitôt, et, de nouveau, le malheureux Octave vit la mer engloutir un grand nombre de ses navires. Ménodorus, désespérant de la fortune d'Octave, prit la fuite avec sept navires et revint à Sextus.

Pompée ne sut pas plus profiter de la tempête que de la victoire. C'était décidément un pauvre général. Il se complaisait dans son triomphe. Son orgueil lui faisait regarder sottement les désastres d'Octave comme son ouvrage. Il se faisait appeler fils de Neptune, sacrifiait à la mer, quittait son manteau de pourpre pour en revêtir un couleur de mer et prétendait commander aux vents [1].

Quant à Octave, « il voulait vaincre même en dépit de Neptune [2], » et il ne négligeait rien pour arriver à son but. Le célèbre homme de guerre Agrippa, revenu à Rome, après avoir pacifié l'Aquitaine et passé le Rhin, comme César, fut chargé de relever la flotte du triumvir. Il s'assura d'abord d'un port commode et sûr, en joignant ensemble et avec la mer, le lac Lucrin et le lac Averne. Il parvint, à l'aide de prodigieux travaux, à former un bassin où il put exercer jusqu'à 20,000 matelots. Bientôt tout fut prêt pour une nouvelle attaque contre la Sicile. Pline [3] rap-

---

1. Appien, *Bell. civil.*, v, 100.
2. Suétone, *Vie d'Auguste*, XVI : « *Etiam invito Neptune victoriam se adepturum.* »
Hist. nat., IX, 12, 1.

porte qu'un jour qu'Octave se promenait sur le rivage, un poisson s'élança de la mer et vint tomber à ses pieds; c'était, dit-il, le temps où Sextus Pompée dominait tellement sur la mer, qu'il avait adopté Neptune pour père; les devins, consultés, répondirent que César verrait sous ses pieds ceux qui avaient alors l'empire de la mer.

Instruit par ses croisières des préparatifs d'Octave, Sextus se décida enfin à envoyer Ménodorus avec ses sept vaisseaux pour surveiller les projets de l'ennemi. Le forban, toujours prêt à la trahison, mécontent de n'avoir pas reçu de Pompée le commandement de la flotte, eut recours à un singulier stratagème pour rentrer dans les bonnes grâces d'Octave. Il pensa qu'il fallait d'abord commettre quelques hauts faits contre la flotte du triumvir et la terrifier par une brusque attaque. En effet, au moment où on était bien loin de s'y attendre, Ménodorus se jeta avec la rapidité de la foudre sur les vaisseaux d'Octave, en prit plusieurs ainsi que des navires chargés de vivres et en brûla un certain nombre. Il remplit de terreur toute la côte. Octave et Agrippa étaient alors absents et occupés à se procurer des bois de construction pour la flotte. Voulant se moquer de l'armée d'Octave, Ménodorus vint aborder au milieu du sable du rivage et feignit d'être échoué. Aussitôt les soldats d'accourir pour se jeter sur lui, mais le corsaire repoussa son brigantin dans les flots et s'éloigna en riant de la troupe stupéfaite d'une pareille audace. Pensant alors qu'Octave serait heureux de voir rentrer sous ses ordres un chef aussi vaillant, il lui fit savoir qu'il désirait reprendre du service auprès de lui. Une entrevue lui fut accordée. Il se jeta aux pieds d'Octave qui lui pardonna, lui rendit ses titres, mais qui eut soin depuis de le faire surveiller secrètement [1].

Octave fut bientôt en état de recommencer la guerre. Papia, lieutenant de Sextus Pompée, remporta d'abord un avantage : il surprit des bâtiments de charge qui portaient quatre légions à Lépidus occupé au siège de Lilybée, en Sicile. Les navires furent capturés ou coulés à fond et deux légions périrent dans les flots. Agrippa attaqua Pompée et remporta une victoire éclatante à Myles, dont Octave profita pour jeter des troupes en Sicile. Sextus rassembla ses nombreux vaisseaux pour courir après Octave. Il l'attaqua au moment même où son adversaire venait de débarquer, non loin de Tauroménium, trois légions commandées par Cornificius. Octave fut vaincu, presque tous ses vaisseaux furent pris ou brisés ; lui-même ne parvint qu'à grand'peine à trouver un refuge en Italie, dans le camp de Messala qu'il avait proscrit quelques années auparavant. Heureusement Agrippa, qui commandait une forte escadre, s'empara de Tyndaris. Cette conquête assurait à Octave une entrée

---

1. Appien, *Bell. civil.*, v, 101, 102.

en Sicile ; il se hâta de débarquer vingt et une légions. Cependant Octave n'était pas au bout des épreuves que le sort lui destinait. Dans aucune guerre il ne fut exposé à de plus nombreux et de plus grands dangers. Un jour qu'il faisait voile entre la Sicile et le continent pour chercher le reste de ses troupes, il fut attaqué à l'improviste par Démocharès et Apollophanès, lieutenants de Sextus, et se voyant sur le point d'être pris, il supplia un de ses compagnons, Proculéius, de lui donner la mort. Mais, grâce à l'énergie de l'équipage, il put échapper avec un seul navire. Un autre jour, comme il passait à pied près de Locres, se rendant à Rhegium, il vit les galères pompéiennes qui côtoyaient la terre, et les prenant pour les siennes, il descendit sur la plage où il faillit encore être pris. Il arriva même que, tandis qu'il s'enfuyait par des sentiers détournés, un esclave d'Emilius Paulus, qui l'accompagnait, se souvenant qu'il avait autrefois proscrit le père de son maître, et cédant à la tentation de la vengeance, essaya de le tuer. Octave parvint néanmoins à rejoindre Lépidus et Agrippa en Sicile, et quelques escarmouches eurent lieu entre les armées ennemies [1].

La guerre pouvait durer longtemps encore ; Pompée voulut tenter une action décisive, et, comme il

---

1. Suétone, *Vie d'Auguste*, xvi; Appien, *Bell. civil.*, v. 103-117; Pline, *Hist. nat.*, vii, 46 ; Velleius Paterculus, *Hist. rom.*, 79.

se sentait le plus fort sur mer, il fit proposer à Octave de terminer leur différend par un combat naval. Le triumvir, tant de fois éprouvé sur mer, redoutait fort de tenter encore la fortune, cependant il accepta courageusement le défi. Le 3 septembre de l'année 36 avant J.-C., les deux flottes rivales, composées chacune de 300 vaisseaux, et placées l'une sous les ordres d'Agrippa, et l'autre sous le commandement de Démocharès et d'Apollophanès, se rangèrent en ligne entre Myles et Nauloque, dans un appareil formidable : tous les navires étaient armés de tours, de catapultes et de toutes les machines à jet alors en usage. L'action commença par le choc des galères, auquel succéda une grêle de pierres, de flèches, de dards et de javelots enflammés ; tous les navires s'attaquèrent tantôt par la proue, tantôt par la poupe et par les flancs. Les soldats combattaient avec une égale ardeur, les pilotes et les chefs rivalisaient d'adresse et d'énergie. Les deux armées de terre, rangées en bataille sur la côte, donnaient encore de l'émulation aux partis. La lutte dura plusieurs heures, et le succès fut longtemps incertain ; mais Agrippa commandait la flotte triumvirale, et, comme Duilius, il avait armé ses navires de grappins qui accrochaient ceux de l'ennemi plus légers, et les forçaient à recevoir l'abordage. Ce ne fut bientôt qu'une mêlée où tout était confondu et où l'on tuait souvent aussi bien l'ami que l'ennemi. Le mot d'ordre dont on se servait pour se reconnaître ne fut plus secret et devint commun aux deux partis, ce qui contribua à augmenter le carnage, en sorte que la mer fut en peu de temps couverte de cadavres, d'armes et de débris de navires. Agrippa, voyant que la flotte de Sextus s'ébranlait, redoubla ses efforts et força la victoire à se déclarer pour Octave. La flotte ennemie fut presque totalement détruite ; Sextus Pompée, oubliant qu'il avait une armée de terre, prit la fuite avec les dix-sept galères qui lui restaient, après avoir éteint le fanal du vaisseau amiral et jeté à la mer son anneau et ses insignes de commandement. « Jamais fuite, dit Florus [1], depuis celle de Xercès, ne fut plus déplorable. »

Sextus avait d'abord le projet de se rendre auprès d'Antoine ; mais quand il sut qu'Octave ne songeait point à le poursuivre, il se dirigea vers l'Asie. Il se mit alors à exercer la piraterie sur les côtes ; il pilla le temple fameux de Junon au promontoire de Lacinium, et s'établit ensuite à Mitylène, capitale de l'île de Lesbos, qui avait reçu autrefois le grand Pompée après sa défaite à Pharsale [2]. Sextus feignait d'attendre Antoine, mais, en réalité, il cherchait, en augmentant le nombre de ses vaisseaux et de ses rameurs, à se substituer au maître de l'Orient. Il traitait même secrètement avec les rois de Pont et des Parthes, qui venaient de battre Antoine. Il envoya

1. *Hist. rom.*, IV, 8 ; Appien, *Bell. civ.*, v, 118-122.
2. Appien, *Bell. civ.*, v, 133.

des ambassadeurs à ce dernier, rentré à Alexandrie, bien moins pour lui demander de traiter avec lui que pour être renseigné exactement sur sa puissance en Orient. Pendant que les envoyés de Sextus étaient auprès d'Antoine, ses autres ambassadeurs chez les Parthes furent faits prisonniers et envoyés au triumvir, qui ne fut pas dupe des agissements de Sextus, et qui chargea Titius, son lieutenant, de combattre Pompée, s'il demeurait en armes, et de le ramener prisonnier en Égypte. Sextus débarqua en Asie et organisa immédiatement une armée près de Cyzique. Il remporta quelques succès et occupa les villes de Nicée et de Nicomédie, dont il tira beaucoup d'argent. Malheureusement pour lui, les 70 vaisseaux qu'Antoine avait envoyés à Octave pour la guerre de Sicile revinrent au printemps en Asie, congédiés par le vainqueur, et Titius, parti de Syrie, se montra en même temps avec cent vingt navires et une grosse armée. Sextus ne pouvait résister. Pour échapper à Antoine, il prit le parti extrême de brûler son escadre et de se diriger avec ses soldats vers la haute Asie. Mais, abandonné de la plupart des siens comme de la fortune, il tomba entre les mains des lieutenants d'Antoine, fut conduit à Milet et mis à mort [1] (35 av. J.-C.).

Ainsi périt le dernier fils de Pompée. Dans sa jeu-

---

1. Appien, *Bell. civ.*, v, 133-144.

nesse, Sextus avait obscurément exercé la piraterie et écumé la mer. Puis, s'étant fait reconnaître, beaucoup de partisans se joignirent à lui, et il porta ouvertement, après la mort de César, la guerre sur la Méditerranée. Il réorganisa la piraterie à son profit, il rassembla une grosse armée et une flotte très considérable, posséda de grandes richesses et domina sur les îles. Maître de la mer, il causa la famine en Italie et força ses adversaires à traiter avec lui. Son plus grand titre de gloire fut d'avoir accueilli les malheureux proscrits des guerres civiles, de les avoir sauvés et de leur avoir procuré la joie de revivre dans leur patrie; mais, soit par incapacité, soit, comme le dit Appien [1], parce que les dieux avaient condamné sa cause, il ne sut pas attaquer l'ennemi, ni profiter d'aucun avantage, se bornant seulement à défendre ce qu'il avait acquis.

Velleius Paterculus fait le portrait suivant de Sextus : « C'était un jeune homme sans éducation, grossier dans son langage, d'une valeur fougueuse, d'une humeur emportée, d'une intelligence vive et prompte, très différent de son père sous le rapport de la bonne foi, dominé par ses affranchis, esclave de ses esclaves, *servorumque servus*, envieux du mérite et se mettant à genoux devant la médiocrité. Lorsqu'il se fut rendu maître de la Sicile, il reçut dans son camp

---

1. *Bell. civ.*, v, 143.

les esclaves et les fugitifs, et augmenta de la sorte le nombre de ses légions. Ménas et Ménécratès, affranchis de son père, qu'il avait mis à la tête de ses flottes, infestaient les mers de leurs pirateries, et Sextus appliquait le produit de leurs rapines à son entretien et à celui de son armée, ne rougissant pas de livrer aux brigandages et aux dévastations les mers que les armes du grand Pompée, son père, avaient purgées des pirates [1]. »

Sextus n'avait pas été vaincu seul, la piraterie tomba avec lui. Jamais elle n'avait été organisée d'une manière plus redoutable ; c'était à elle et à ses chefs expérimentés que Sextus avait dû tous ses succès. La guerre contre Sextus a été considérée par tous les auteurs que nous avons cités si fréquemment comme une guerre contre la piraterie. Pline l'Ancien le dit formellement [2]. C'est surtout à ce titre que de si grands honneurs furent décernés à Octave, après sa victoire, par Rome délivrée de la famine. Le sénat et le peuple, couronnés de fleurs, se portèrent au-devant de lui, et lui firent cortège au temple et jusqu'à sa demeure. On décréta l'ovation, des prières publiques, une statue d'or sur le Forum en costume de triomphateur, et portant sur son piédestal l'inscription ci-après : « Au restaurateur de la

---

1. Velleius Paterculus, *Hist. rom.*, 73.
2. *Hist. natur.*, XVI, 3.

» paix sur terre et sur mer après de longues dissen-
» sions ¹. » Octave, de son côté, s'empressa d'accorder
à Agrippa la couronne rostrale ².

Octave acheva d'anéantir la piraterie dans ses
guerres de trois années contre les Illyriens, les Japodes, les Liburnes, les Corcyréens, les Pannoniens,
les Dalmates et autres peuplades des régions mon-
tagneuses des bords de l'Adriatique, semblables à la
Cilicie et à l'Isaurie, qui avaient repris leurs courses
sur mer et recommencé leurs brigandages comme au
temps de la reine Teuta et de Démétrius de Pharos.
A la prise de Métulum, courageusement défendue par
les Japodes, Octave monta lui-même à l'assaut et reçut
trois blessures. Tous ces peuples furent vaincus et
soumis. Octave leur enleva tous leurs vaisseaux, afin
de les mettre dans l'impossibilité de se livrer de
nouveau à la piraterie ³.

La piraterie détruite ne joua aucun rôle dans la
lutte entre Octave et Antoine qui se termina par la
grande victoire navale d'Actium (2 septembre 31 av
J.-C.) qui donna à Octave-Auguste vainqueur l'empire romain.

Le premier soin d'Auguste fut d'assurer son autorité dans le monde romain. Pour maintenir la tran-

1. Appien, *Bell. civ.*, v, 130.
2. Pline, *Hist. natur.*, xvi, 3.
3. Appien, *De rebus illyricis*, xvi ; Florus, *Hist. rom.* iv, 12.

quillité dans les provinces maritimes de l'empire alors si admirablement disposé tout autour de la Méditerranée, pour protéger la navigation contre la piraterie, il fallait des forces navales importantes. Auguste entretint toujours deux flottes : l'une à Misène (Campanie), commandant à la Sicile, à l'Afrique et à l'Espagne ; l'autre, forte de 250 vaisseaux, à Ravenne, d'où elle tenait en respect l'Illyrie, la Liburnie, la Dalmatie, l'Épire, la Grèce et l'Asie-Mineure[1]. Tous les vaisseaux de guerre, dit Végèce[2], se construisaient sur le modèle des liburnes, faites principalement avec le cyprès, le pin, le mélèze et le sapin, et dont les pièces étaient reliées avec des clous de cuivre non sujets à la rouille. Quant à la grandeur des bâtiments, les plus petites liburnes avaient un seul rang de rames, les moyennes en avaient deux et les autres trois, quatre et quelquefois cinq. Certains navires étaient peints d'un vert qui imitait la couleur de mer, les matelots et les soldats étaient aussi habillés avec des vêtements de cette couleur pour être moins vus de jour et de nuit lorsqu'ils allaient à la découverte. De plus, des navires stationnaient sur le Danube et dans l'Euxin ; des escadres gardaient les côtes de la Gaule ; des flottilles composées de petits bâtiments parcouraient les principaux

1. Suétone, *Vie d'Auguste*, 49.
2. *Institutions militaires*, v, 1, 3, 4, 7 et 15.

fleuves. Celle du Rhône hivernait à Arles ; celle de la Seine à Lutèce. Végèce dit que ces bâtiments croiseurs dont on se servait pour les gardes du Danube et des autres fleuves des frontières étaient d'une perfection inimitable.

La Méditerranée entière était enfin délivrée de la piraterie, le Romain pouvait alors la contempler avec orgueil et l'appeler *mare nostrum*. Les discordes civiles étaient étouffées, les guerres extérieures éteintes, le temple de Janus fermé, la force des lois, l'autorité des jugements rétablies, les bras rendus à l'agriculture, le respect à la religion, la sécurité aux citoyens, la confiance à toutes les propriétés. Aussi quel concert d'éloges dans les historiens et de louanges dans les poètes pour celui que quelques-uns appelaient un dieu et que l'empire romain tout entier vénérait comme le Père de la Patrie !

Mais ce qui fut peut-être le plus sensible aux Romains et aux peuples étrangers, ce fut de voir la mer purgée des brigands qui l'avaient écumée pendant des siècles, et de pouvoir en même temps naviguer, trafiquer et recevoir des vivres en abondance. Suétone rapporte, à ce sujet, une anecdote d'un haut intérêt. Un jour qu'Auguste naviguait près de la rade de Pouzzoles, les passagers et les matelots d'un navire d'Alexandrie, qui était à la rade, vinrent le saluer, vêtus de robes blanches et couronnés de fleurs. Ils brûlèrent même devant lui de l'encens, et le comblèrent de louanges et de vœux pour son bonheur, en s'écriant que c'était par lui qu'ils vivaient, à lui qu'ils devaient la liberté de la navigation et tous leurs biens, « *per illum se vivere, per illum navigare, libertate atque fortunis per illum frui* ». Ces acclamations le rendirent si joyeux qu'il fit distribuer à tous ceux de sa suite quarante pièces d'or, en leur faisant promettre sous serment qu'ils n'emploieraient cet argent qu'en achats de marchandises d'Alexandrie [1].

Auguste corrigea aussi une foule d'abus aussi détestables que pernicieux qui étaient nés des habitudes et de la licence des guerres civiles et que la paix même n'avait pu détruire. Ainsi la plupart des voleurs de grands chemins portaient des armes publiquement, sous prétexte de pourvoir à leur défense, et les voyageurs de condition libre ou servile étaient enlevés sur les routes, et enfermés sans distinction dans les ateliers des possesseurs d'esclaves. Il s'était aussi formé, sous le titre de « communautés nouvelles », des associations de malfaiteurs qui commettaient toutes sortes de crimes. Auguste contint tous ces brigands, en plaçant des postes où il en était besoin ; il visita les ateliers d'esclaves et dispersa les communautés dont l'organisation lui paraissait contraire à l'ordre public et aux bonnes mœurs [2].

1. Suétone, *Vie d'Auguste*, xcviii.
2. *Idem*, xxxii.

Transformation inouïe, le farouche pirate cilicien devint l'heureux et paisible jardinier, *Corycium senem,* que chante Virgile ; la ville de Tarse, en pleine Cilicie, fut, après la disparition de la piraterie, la grande ville savante de l'Orient, l'émule d'Alexandrie. Au siècle d'Auguste, ses écoles encyclopédiques, fréquentées par une studieuse jeunesse indigène, étaient tenues pour supérieures même à celles d'Alexandrie et d'Athènes ; elles produisaient en abondance des maîtres habiles, surtout des philosophes, qui allaient porter leur science au dehors, à Rome, et jusque dans la famille des Césars[1]. Tarse fut la patrie du stoïcien Athénodore, précepteur de Tibère, et du grand apôtre saint Paul.

Citerai-je, après tant d'autres, les vers si connus des plus grands poètes de Rome, en l'honneur d'Auguste :

> Tutus bos etenim prata perambulat,
> Nutrit rura Ceres, almaque Faustitas ;
> Pacatum volitant per mare navitæ.

« Grâce à toi, dit Horace[2], le bœuf parcourt en
» paix les prairies ; Cérès et la douce abondance fé-
» condent nos champs ; *les navires volent sur la mer*
» *pacifiée.* »

1. *Comptes rendus de l'Académie des Inscriptions et belles-lettres,* séance du 7 juillet 1876.
2. *Odes,* liv. IV, 5.

Pour Virgile[1], Auguste est un dieu :

> An deus immensi venias mari, ac tua nautæ
> Numina sola colant, tibi serviat ultima Thule !

« Viens-tu régner sur la mer immense, seul dieu qu'adorent les matelots et qui seras invoqué jusqu'aux rivages de la lointaine Thulé ? »

Le peuple romain entier, jouissant de la paix, vivant dans l'abondance, s'écriait par la bouche du plus grand de ses poètes :

> Deus nobis hæc otia fecit :
> Namque erit ille mihi semper deus[2].

« C'est un dieu qui nous a fait ces loisirs : oui, il ne cessera jamais d'être un dieu pour moi. »

A l'âge de soixante-seize ans, le grand empereur, qui depuis un demi-siècle gouvernait le monde, rédigea son testament politique. De ce document d'une grandeur saisissante qui nous a été conservé dans les ruines d'un temple d'Ancyre, je détacherai ce qui a trait à l'histoire de la piraterie :

« J'ai rétabli la paix sur la mer, dit Auguste, en la délivrant des pirates qui l'infestaient, et à la suite de cette guerre, j'ai remis à leurs maîtres, pour qu'ils leur fissent subir le supplice mérité, environ trente mille esclaves qui s'étaient enfuis de chez

---

1. Virgile, *Géorgiques*, I, 29-30.
2. *Id.*, *Bucoliques*, I, 6-7.

» ceux auxquels ils appartenaient et qui avaient porté
» les armes contre la République...

» Pour honorer ma conduite, on m'a, par un séna-
» tus-consulte, appelé *Auguste,* et décrété que le
» chambranle des portes de ma demeure serait dé-
» coré de lauriers, et qu'au-dessus de l'entrée serait
» placée une couronne civique et que, dans la *Curia*
» *Julia,* serait mis un bouclier d'or dont l'inscription
» attesterait qu'il m'était donné par le Sénat et le
» peuple romain en souvenir de mon courage, de
» ma clémence, de ma justice et de ma piété...

» Pendant mon treizième consulat, le Sénat, l'or-
» dre équestre et le peuple me donnèrent le titre de
» *Père de la Patrie,* et décidèrent que ce titre serait
» inscrit dans ma demeure, dans la Curie et le
» Forum Auguste, sous un quadrige érigé en mon
» honneur...[1] »

1. *Inscription d'Ancyre*; *Exploration archéologique de Galatie*, par MM. Perrot, Guillaume et Delbet. — *Res gestæ divi Augusti ex monumentis Ancyrano et Apolloniensi*, par Mommsen; — *Examen des historiens d'Auguste*, par M. Egger.

CHAPITRE XXV

LA PIRATERIE SOUS L'EMPIRE.

Avec la forte organisation de l'Empire, la piraterie disparaît de la Méditerranée. On ne la retrouve plus avec sa constitution formidable, ses états, ses villes, ses domaines ; ce n'est plus désormais un adversaire dangereux et capable d'affamer l'Italie. Si quelques brigandages s'exercent encore parfois sur mer, ce sont des actes isolés ; les pirates ne sont plus des ennemis, *hostes,* mais des voleurs, *latrunculi vel prædones,* selon les termes du jurisconsulte Ulpien [1].

Tel est le caractère nouveau de la piraterie à partir de l'empire romain. Elle ne se présente plus comme une nécessité de l'existence des antiques populations des bords de la mer, ni comme le produit de la rivalité et de la jalousie commerciale entre peuples voisins, ni comme un des fléaux obligés de la guerre, ni enfin comme une rébellion suprême de tous les vaincus contre le vainqueur ; la civilisation a sans cesse

---

1. *Fragm.* 24, *Dig. lib.* 49, 15.

progressé, et, dans le repos de l'univers soumis, l'unité de domination produisit des effets salutaires. Rome, grâce à l'empire, avait résolu le plus difficile des problèmes, l'unité dans le genre humain.

« Quelle facilité, dit Bossuet, n'apportait pas à la » navigation et au commerce cette merveilleuse union » de tous les peuples du monde sous un même em-» pire? La société romaine embrassait tout, et, à la » réserve de quelques frontières, inquiétées quelque-» fois par les voisins, tout le reste de l'univers jouis-» sait d'une paix profonde. Ni la Grèce, ni l'Asie-» Mineure, ni la Syrie, ni l'Égypte, ni enfin la plupart » des autres provinces n'ont jamais été sans guerre » que sous l'Empire romain ; et il est aisé d'entendre » qu'un commerce si agréable des nations servait à » maintenir dans tout le corps de l'Empire la con-» corde et l'obéissance [1]. »

La bonne administration des provinces contribua plus que tout le reste à faire disparaître la piraterie. Pourquoi les peuples jadis soumis par les Romains n'auraient-ils pas été pillards, voleurs et pirates, quand l'exemple de tous les crimes leur était donné par les proconsuls républicains? Sous la République, en effet, l'oppression des provinces avait été générale. Il était passé dans l'usage qu'un gouvernement était un moyen de fonder ou de réparer sa fortune,

---

1. *Discours sur l'histoire universelle*, IIIe partie, chap. 6.

et il le fallait bien, car le gouverneur partait ruiné pour sa résidence : il avait dépensé au moins deux millions pour acheter les suffrages des électeurs, et comme le gouverneur changeait chaque année, que l'on juge de l'état des malheureuses provinces ! Elles ne pouvaient plus respirer ! « Une indicible misère, dit Mommsen[1], s'étendait du Tigre à l'Euphrate sur toutes les nations. » — « Toutes les cités ont péri, lit-on dans un écrit publié dès l'an 70 av. J.-C. » En Asie-Mineure, les villes étaient dépeuplées, tant les bandits, les pirates et les gouverneurs avaient commis des ravages effrayants. Tous ces maux venaient de ce qu'il n'y avait pas à Rome un pouvoir assez fort pour commander à ses propres agents le respect des lois. Heureusement les choses changèrent, grâce au génie de César et d'Auguste.

Il ne peut entrer dans mon sujet d'exposer le système impérial en vigueur dans les provinces, sur lequel tant de beaux et savants écrits ont été publiés en France et à l'étranger, je dois nécessairement me borner à rechercher sobrement l'influence qu'il a eue au point de vue de la piraterie et de la sécurité publique et privée. Il a détruit l'une et fait naître l'autre. Aussi le gouvernement impérial fut-il bien accueilli dans les provinces. Tacite le proclame au début de ses œuvres immortelles : « Le nouvel ordre de choses

---

2. *Histoire romaine*, liv. IV, chap. 11.

» plaisait aux provinces qui avaient en défiance le
» gouvernement du Sénat et du peuple à cause des
» querelles des grands et de l'avarice des magistrats,
» et qui attendaient peu de secours des lois, impuis-
» santes contre la force, la brigue et l'argent[1]. »

Les provinces étaient de deux sortes, celles de l'empereur et celles du Sénat et du peuple, mais l'empereur avait l'œil aussi bien dans les unes que dans les autres, et partout les gouverneurs veillaient au maintien de l'ordre, à la bonne gestion des affaires, prévenaient, en imposant leur arbitrage ou leur autorité, les guerres particulières, et, sous leur responsabilité, dispersaient les rassemblements séditieux et les bandes de malfaiteurs aussi bien sur mer que sur terre. Sans doute, et c'est le propre de la nature humaine que de n'être pas sans défaut, il y a eu de mauvais gouverneurs sous l'Empire, Tacite en cite plusieurs, mais tous furent accusés et condamnés[2]. Il y en eut de très honnêtes, Pline, Tacite, Thraséas, Othon, Pétrone, ces deux derniers, quoique débauchés, et Vitellius lui-même. L'empereur était très dur pour les magistrats malhonnêtes. Tibère fut un justicier implacable ; il était bien aimé par les provinces, parce qu' « il veillait, dit Tacite[3], à ce que de nouvelles

---

1. *Annales*, i, 2.

2. *Ann.*, iii, 66 ; xiii, 33 ; xiv, 18, etc... Suétone, *Auguste*, 67 ; Dion Cassius, liv, 3, lvi, 25.

3. *Ann.*, iv, 6.

» charges ne leur fussent pas imposées, et à ce que
» les anciennes ne fussent pas aggravées par l'ava-
» rice et la cruauté des fonctionnaires. » Les historiens
rendent la même justice à presque tous les empereurs. Domitien, le plus sanguinaire d'entre eux,
« s'appliqua, au dire de Suétone [1], à maintenir dans
» le devoir les chefs des provinces et les contraignit à
» être intègres et justes. » — « Adrien, dit le biographe
» de ce prince [2], visita tout l'Empire! et quand il ren-
» contra des gouverneurs coupables, il les frappa des
» peines les plus sévères et même du dernier sup-
» plice. » On voit dans la correspondance de Pline le
Jeune combien Trajan est admirable de sagesse et
d'économie, répétant plusieurs fois qu'un gouverneur
était le tuteur des villes, le gardien de leur fortune, et
que son plus grand devoir était d'examiner sévèrement les comptes. « S'il m'arrive malheur, disait ce
» grand prince au jurisconsulte Priscus, je te recom-
» mande les provinces [3]. »

On a pu dire avec raison que l'empire a été l'âge
d'or des provinces. Les inscriptions si nombreuses
recueillies par MM. Lebas, Waddington, Renier,
Perrot, etc., prouvent l'explosion de reconnaissance
que les provinces eurent envers un gouvernement qui
les avait dotées de monuments d'utilité publique, de

---

1. *Domitien*, 8.
2. Spartien, *Adrien*, 13.
3. Pline, *Epist.*, x, 28, 35, ,47, 50 ,52, 53 63, 85.

prétoires, de basiliques, de temples admirables, dont les ruines gisent au milieu de régions dévastées et stériles depuis des siècles, attestant hautement qu'il fut un temps où, sous un pouvoir fort et respecté, la paix, le commerce, le travail, la richesse, la civilisation, ont répandu à profusion, dans ces mêmes lieux, leurs bienfaits éclatants.

Par l'effet de cette organisation admirable de l'empire, la piraterie disparut de la Méditerranée, le grand lac romain. Les flottes impériales, entretenues dans cette mer pendant 300 ans et sous 39 empereurs, n'ont point d'histoire. Elles assuraient la sécurité et étaient employées en même temps à la traite des blés, aux transports et en quelques rares occasions.

Caius Caligula faisait servir sa flotte à ses folies. Il ordonna de construire des vaisseaux liburniens à dix rangs de rames ; les voiles étaient de différentes couleurs et la poupe garnie de pierreries. On y voyait une grande quantité de bains, de galeries, de salles à manger ; une grande variété de vignes et d'arbres fruitiers. C'était sur ces navires somptueux qu'il côtoyait la Campanie, mollement couché en plein jour, et au milieu des danses et des symphonies. Il prétendit surpasser Xerxès en jetant un pont de Baïes aux digues de Pouzzoles, formé de tous les navires qui faisaient les transports des vivres et des marchandises. Rangés sur deux lignes, solidement liés ensemble, affermis par des ancres, recouverts ensuite de planches, de pierres et de terre, ils formèrent une large chaussée, dans le genre de la voie Appienne, et longue de près de 3,600 pas (5 kilomètres). Caligula s'y promena d'abord avec l'appareil d'un triomphateur. Il montait un cheval magnifiquement harnaché et portait une couronne de chêne, un bouclier, un glaive et une chlamyde dorée. Il parut ensuite en habit de cocher et conduisit un char attelé de deux chevaux qui avaient été vainqueurs aux courses. Puis, ayant invité le peuple à venir admirer cette merveille, il fit impitoyablement jeter dans la mer tous ceux qui s'étaient avancés sur le pont [1].

Sous le gouvernement de Claude, la marine jouissait d'une certaine considération. L'Italie, alors presque entièrement occupée par les jardins et les palais des grands seigneurs, ne pouvait plus nourrir ses habitants. Le blé lui était apporté par mer, et, comme en hiver la navigation était difficile, il fallait vivre, dans cette saison, des approvisionnements amassés pendant l'été et qui souvent étaient insuffisants. Claude accorda de très grands privilèges aux constructeurs de navires, promit des récompenses aux armateurs, et se chargea des pertes que pourraient leur causer les tempêtes. L'entrée du Tibre était d'un abord défectueux; le port d'Ostie était presque comblé; les navires chargés de marchandises et de vivres jetaient

1. Suétone, *Vie de Caligula*, 19; — Dion Cassius, LVIII; — Josèphe, XVIII.

l'ancre à une certaine distance du rivage, et ne pouvaient remonter le fleuve qu'après avoir fait passer sur des barques une partie de leur chargement : ils restaient ainsi exposés à toute l'agitation de la pleine mer.

Claude donna l'ordre de creuser un vaste bassin sur la rive droite du Fiumicino (bras du Tibre) et de l'entourer de quais ; il fit aussi construire deux jetées, fort avant dans la mer, et, en face de l'endroit où elles se rapprochaient, laissant entre elles un passage commode, une large chaussée. Afin de mieux asseoir ce môle, sur lequel on éleva un phare semblable à celui d'Alexandrie, pour guider les navigateurs pendant la nuit, on commença par couler un énorme vaisseau qui avait servi à transporter l'obélisque d'Égypte à Rome, et on le couvrit d'une solide maçonnerie [1].

Tacite signale quelques exploits de brigands et de pirates en Orient sous le règne de Claude. Des tribus de la Cilicie, connues sous le nom de *Clites,* se révoltèrent, et, conduites par Trosobore, campèrent sur des montagnes escarpées. De là, elles descendaient sur les côtes et jusque dans les villes pour enlever les habitants, les laboureurs et surtout les marchands et les maîtres de navires. La ville d'Anémur fut assiégée par ces brigands, et des cavaliers

---

1. Suétone, *Vie de Claude ;* — Strabon, v ; — Pline, xlv.

envoyés de Syri sous les ordres du préfet Curtius Severus pour la secourir, furent mis en déroute à cause de l'âpreté du terrain qui était favorable à des gens de pied, tandis que la cavalerie n'y pouvait combattre. Enfin, le roi de ce pays, Antiochus, en flattant la multitude, en trompant le chef, parvint à désunir les forces de l'ennemi, et, après avoir fait mourir Trosobore et les principaux de la bande, ramena le reste par la clémence [1].

Néron, qui employait les navires de l'État à transporter d'Alexandrie à Rome de la poussière à l'usage des athlètes, fit exécuter cependant des travaux utiles à la navigation : il embellit le port de Claude et unit le lac Averne au Tibre par un canal sur lequel deux galères pouvaient passer de front [2]. Pline dit aussi que Néron, voulant illustrer son règne par quelque découverte importante, envoya deux centurions, accompagnés d'une suite nombreuse, à la recherche des sources du Nil [3]. Ces explorateurs ne purent remonter le fleuve que jusqu'aux cataractes.

Depuis Néron jusqu'à Trajan, il ne se passa sur la Méditerranée rien de mémorable. Lorsque après la guerre de Syrie, Vespasien revint à Rome, on frappa une médaille au revers de laquelle il était représenté sous la figure de Neptune, ayant le pied droit sur un

1. Tacite, *Annales*, xii, 55.
2. Suétone, *Vie de Néron*.
3. Pline, vi, 35, 6.

globe, tenant de la main droite l'extrémité d'une proue de galère et dans la gauche un trident. Cependant il ne s'était illustré par aucune expédition maritime importante; seulement, arrivé à Tarrichée au moment où Titus venait de vaincre le parti opposé aux Romains, il avait fait construire à la hâte quelques navires et avait détruit sur le lac de Génézareth, après un combat acharné, un grand nombre de petits bâtiments sur lesquels s'était réfugié le reste des Juifs. Trajan protégea la navigation et la liberté du commerce. Une très longue étendue des côtes d'Italie était sans port; il en fit construire un fort beau à Centumcellæ (Civita-Vecchia), où il avait une maison de campagne [1], et un autre à Ancône, pour ouvrir une entrée plus facile du côté de la mer Adriatique.

Adrien, successeur de Trajan, fit usage de la marine pour ses grands voyages. Il encouragea le commerce et confirma les lois rhodiennes : « Je suis » maître du monde, disait-il, mais la loi nautique » des Rhodiens est maîtresse de la mer [2]. »

La marine romaine ne reparaît dans l'histoire des pays méditerranéens qu'au siège de Byzance (193-195), que Septime Sévère prit d'assaut, pilla et rasa, après un blocus de trois années, pendant lequel

---

1. Pline le jeune, *Lettres*, 31.
2. *Fragm.* 9, Dig. *De lege rhodia de jactu.*

500 navires byzantins firent subir de grandes pertes à la flotte de Sévère.

Quant à la piraterie, il faut venir jusqu'à l'époque de Probus pour trouver une guerre entreprise en Asie-Mineure contre elle ou plutôt contre des brigands, car ils n'osaient pas tenir la mer. Elle fut dirigée par cet empereur en Isaurie, la *piratarum officina* des anciens. En l'année 279, Lydius, Isaurien accoutumé au brigandage, ayant réuni une troupe de malfaiteurs, courait et pillait la Pamphylie et la Lycie. Les Isauriens, comme aux temps de Servilius et de Pompée, habitaient des cavernes et des châteaux forts perchés sur des rochers d'où ils bravaient la puissance romaine. Ils sortaient de leurs repaires quand il y avait un coup de main à faire sur une caravane ou sur des villes sans défense, et rentraient chargés de butin. Des troupes romaines furent dirigées contre ces voleurs, qui se retirèrent dans Cremna, ville de Lycie, assise sur une hauteur et entourée d'un côté de vallées fort profondes [1]. Lydius fut assiégé dans cette place ; il en abattit les maisons, sema du blé pour nourrir ses défenseurs et chassa toutes les bouches inutiles. Mais les Romains les repoussèrent, et Lydius les précipita impitoyablement dans les ravins et les fondrières. Il fit creuser un souterrain qui s'étendait depuis la ville jusqu'au delà

1. Le nom de Cremna vient du grec κρημνός, qui signifie précipice.

du camp des assiégeants, et s'en servit pour introduire dans la place des bestiaux et des vivres. Une femme découvrit le passage aux Romains, qui l'interceptèrent. Lydius n'en perdit pas courage ; il se défit de tous ceux qui ne lui étaient pas nécessaires pour la défense des murs, et résolut de s'ensevelir sous les ruines de la ville. Mais un archer habile, qui avait été cruellement traité un jour par le chef barbare, parvint à gagner le camp des Romains. Instruit des mouvements de Lydius qui venait observer les ennemis par une fenêtre du rempart, l'archer l'attendit avec patience et le tua d'un coup de flèche. Les brigands, privés de leur chef, ne soutinrent pas longtemps le siège et se rendirent aux Romains. La place ne fut point démolie et les vainqueurs y établirent une garnison. Les Isauriens qui habitaient les montagnes furent traqués et dispersés. Probus pénétra de gré ou de force dans la plupart des repaires des brigands, en disant qu'il était plus facile de les empêcher d'y entrer que de les en chasser. Il assigna aux vétérans des postes dans des endroits escarpés et imposa à leurs fils le service militaire dès l'âge de dix-huit ans, afin qu'ils ne fissent pas l'apprentissage du vol avant celui de la guerre [1].

Malgré toutes ces précautions, on ne parvint pas à déraciner le brigandage de ces montagnes.

---

1. Zozime, *Hist. rom.*; — Flavius Vopiscus, *Probus*, XVI, XVII.

Sous l'empereur Gallus, les Isauriens se révoltèrent à cause d'un outrage insigne infligé à leur nation. Des prisonniers isauriens avaient été livrés aux bêtes dans l'amphithéâtre d'Iconium en Psidie : « La faim, a dit Cicéron, ramène les animaux féroces où ils ont trouvé une fois pâture. » Des masses de ces barbares désertèrent donc leurs rocs inaccessibles et vinrent, comme l'ouragan, s'abattre sur les côtes. Cachés dans le fond des ravins ou de creux vallons, ils épiaient l'arrivée des bâtiments de commerce, attendant pour agir que la nuit fût venue. La lune, alors dans le croissant, ne leur prêtait qu'assez de lumière pour observer, sans que leur présence fût trahie. Dès qu'ils supposaient les marins endormis, ils se hissaient des pieds et des mains le long des cables d'ancrage, escaladaient sans bruit les embarcations et prenaient ainsi les équipages à l'improviste. Excités par l'appât du gain, leur férocité n'accordait de quartier à personne, et, le massacre terminé, faisait, sans choisir, main basse sur tout le butin. Ce brigandage, toutefois, n'eut pas un long succès. On finit par découvrir les cadavres de ceux qu'ils avaient tués et dépouillés, et dès lors nul ne voulut relâcher dans ces parages. Les navires évitaient la côte d'Isaurie comme jadis les sinistres rochers de Sciron, et rangeaient de concert le littoral opposé de l'île de Chypre. Cette défiance se prolongeant, les Isauriens quittèrent la plage qui ne leur offrait plus d'occasion de capture, pour se jeter sur le territoire de leurs voisins de Lycaonie. Là, interceptant les routes par de fortes barricades, ils rançonnaient pour vivre tout ce qui passait, habitants ou voyageurs.

Ammien Marcellin [1] donne des détails intéressants sur la guerre que l'armée romaine soutint contre les Isauriens dans ces pays escarpés. Pour la caractériser, en un mot, ce fut une expédition de Kabylie. Les soldats romains furent forcés, pour suivre leurs agiles adversaires, d'escalader des pentes abruptes, en glissant et en s'accrochant aux ronces et aux broussailles des rochers; puis ils voyaient tout à coup, après avoir gagné quelque pic élevé, le terrain leur manquer pour se développer et manœuvrer de pied ferme. Il fallait alors redescendre, au hasard d'être atteints par les quartiers de roche que l'ennemi, présent sur tous les points, faisait rouler sur leurs têtes. On eut recours à une tactique mieux entendue : c'était d'éviter d'en venir aux mains tant que l'ennemi offrirait le combat sur les hauteurs, mais de tomber dessus, comme sur un vil troupeau, dès qu'il se montrerait en rase campagne.

Après beaucoup d'efforts, les Isauriens furent dispersés par les troupes de Nébridius, comte d'Orient, lieutenant de Gallus.

Sous les règnes malheureux de Valérien et de Gal-

---

1. XIV, 2.

lien (249-268), l'insurrection rendit l'Isaurie à ses habitudes d'indépendance et de rapine, et l'énergie dégénérée de Rome, impuissante désormais à remettre sous le joug cette population de quelques montagnes situées au cœur de l'empire, ne put que l'enfermer d'une ceinture de forteresses, souvent insuffisantes pour contenir ses incursions. On vit cependant cette race proscrite et méprisée fournir par la suite des soldats aux armées impériales et deux de ses enfants s'asseoir sur le trône de Constantin.

CHAPITRE XXVI

LA PIRATERIE ET LES INVASIONS DES BARBARES.

Une phase nouvelle s'ouvre pour l'histoire de la piraterie au troisième siècle de notre ère. Depuis longtemps déjà l'empire souffrait de sa propre grandeur, *eo creverit ut jam magnitudine laboret suâ,* pour me servir des expressions du grand historien Tite-Live [1]. Cependant, jusqu'à la fin des Antonins, des mains puissantes avaient maintenu l'autorité romaine, fait respecter les frontières, agrandi même les limites de l'empire. Mais, à partir de cette époque, le pouvoir suprême est mis à l'encan; l'anarchie et le despotisme militaires sont à leur comble; on compte jusqu'à trente empereurs à la fois que l'on appelle les *trente tyrans*. L'empire menacé, attaqué de tous côtés, est gouverné par des chefs asservis aux caprices d'une milice indisciplinée qui, suivant Montesquieu, les rendait impuissants pour faire le bien et ne leur laissait de liberté que pour commettre des crimes.

---

[1]. Préface de l'*Histoire romaine.*

Sur les frontières s'amassent des peuples nouveaux, affamés de besoins, avides de conquêtes. Leur nombre fait leur force. Ils marchent toujours droit devant eux, poussés par un courant irrésistible d'invasion de l'Est à l'Ouest, comme s'ils étaient mus par une grande loi de la physique de l'univers. Ces peuples appelés généralement *Barbares,* comme au temps de l'invasion médique, et plus particulièrement Scythes, Hérules, Sarmates, Gépides, Goths, se comportent tous de la même manière que les peuples anciens dont il a été si souvent question dans le cours de cette histoire. Comme à l'époque de l'ambassade de Mélos, la force prime le droit, et c'est par le brigandage et la piraterie que les hordes barbares signalent leur entrée sur le territoire de l'empire romain.

Au milieu du troisième siècle, l'empire tout entier est envahi. Les Germains et les Franks traversent la Gaule et l'Espagne, et se montrent sur les rivages de la Mauritanie, étonnés de cette nouvelle race d'hommes. Les Alamans, au nombre de 300,000, s'avancent en Italie jusque dans le voisinage de Rome. Les Goths, les Sarmates et les Quades trouvent Valérien en Illyrie, qui les contient, assisté de Claude, d'Aurélie et de Probus. La Scythie vomit ses peuples sur l'Asie-Mineure et sur la Grèce [1]. C'est là que le flot

---

1. Châteaubriand, *Études historiques.*

LA PIRATERIE ET LES INVASIONS DES BARBARES. 267

des Barbares est le plus grand. Les Goths, après avoir conquis l'Ukraine, s'établissent sur la côte septentrionale du Pont-Euxin ; cette mer ne baignait-elle pas, en effet, au midi, les provinces opulentes et amollies de l'Asie-Mineure, « où l'on trouvait tout » ce qui pouvait attirer un conquérant et qui n'avaient » rien pour lui résister [1]. »

Les Barbares apprirent la navigation des peuplades insoumises que Strabon appelle les Achæi, les Zygi et les Héniokhes, qui exerçaient la piraterie depuis un temps immémorial. Ces pirates montaient des embarcations fragiles, étroites et légères, faites pour vingt-cinq hommes, mais pouvant, dans des cas exceptionnels, en porter jusqu'à trente. Ces embarcations étaient appelées camares (*camaræ*). Quand la mer était agitée, et à mesure que la vague s'élevait, on ajoutait des planches jusqu'à ce que les deux bords, se rejoignant par en haut, les couvrissent comme un toit. Les camares roulaient ainsi à travers les flots ; les deux extrémités se terminaient en proue, et comme la chiourme changeait de main à volonté, on pouvait prendre terre indistinctement et sans péril par l'un et l'autre bout. Les pirates formaient avec leurs camares de véritables escadres et tenaient perpétuellement la mer, soit pour faire main basse sur

---

[1]. *Tableau de l'Empire romain depuis les Antonins jusqu'à Constantin*, extrait de l'histoire de Gibbon, par l'abbé Cruice.

les vaisseaux de transport, soit pour attaquer quelque province ou quelque ville du littoral. Les populations du Bosphore favorisaient elles-mêmes leurs déprédations en leur prêtant non seulement des abris pour leurs embarcations, mais encore des comptoirs, des entrepôts pour leur butin. Au retour de leurs courses, les pirates n'ayant ni ports, ni mouillages, portaient leurs camares à dos d'hommes au fond des bois. Ils donnaient souvent, en pays étranger, la chasse aux habitants pour se procurer des esclaves, et faisaient payer d'énormes rançons aux malheureux captifs qui voulaient se racheter [1].

A l'instar de ces peuplades indépendantes, les Goths et les Scythes s'empressèrent de construire des camares pour exercer la piraterie et dévaster toutes les villes qu'ils rencontreraient dans leur aventureuse et audacieuse navigation. Ils attaquèrent d'abord Pytiunte, la dernière limite des provinces romaines, ville pourvue d'un bon port et défendue par une forte muraille. Successianus les repoussa et fut nommé, en récompense, préfet du prétoire par Valérien. Les Barbares profitèrent du départ de ce général pour renouveler leur attaque contre Pytiunte et s'en emparer. De là, ils naviguent vers Trébizonde, la surprennent, font main basse sur des richesses inestimables, enchaînent les citoyens captifs aux

---

1. Strabon, xi ; — Tacite, *Hist.*, iii, 47.

rames de leurs vaisseaux, et retournent triomphants dans leurs bois.

D'autres Goths ou d'autres Scythes, jaloux des richesses que leurs voisins avaient amassées, équipent des navires pour commettre de semblables brigandages, et se servent pour ouvriers d'une quantité de prisonniers et d'autres gens que la misère avait réunis autour d'eux. Ils partent des bouches du Tanaïs et voguent le long du rivage occidental du Pont-Euxin, en même temps qu'une armée de terre marche de concert avec la flotte. Ils franchissent le Bosphore, abordent en Asie, prennent Chalcédoine, où ils trouvent de l'argent, des armes et des approvisionnements en abondance. Ils entrent ensuite dans Nicomédie, où les appelait le tyran Chrysogonas; de là, ils vont saccager les villes de Pruse, Apamée, Cios, et se dirigent vers Cyzique. Un heureux accident retarda la ruine de cette cité. La saison était pluvieuse, et les eaux du lac Apolloniate, réservoir de toutes les sources du mont Olympe, s'élevaient à une hauteur extraordinaire. La petite rivière de Rhyndacus, qui en sort, devint tout à coup un torrent large et rapide qui arrêta la marche des Barbares. Ils retournèrent alors sur leurs pas avec une longue suite de chariots chargés des dépouilles de la Bithynie, brûlèrent Nicomédie et Nicée avant de s'embarquer, et rentrèrent dans leur pays.

Dans une nouvelle incursion, la Grèce entière fut

parcourue et pillée par les Barbares; Athènes, Argos, Corinthe, Sparte, Cyzique, les îles de l'Archipel, le grand temple de Diane à Éphèse, tout fut brûlé ou rasé (263).

Jusqu'alors le nombre des Barbares qui s'étaient embarqués pour ces expéditions ne s'était pas élevé à plus de 15,000 ; leur flotte, en effet, se composait de 500 bâtiments pouvant contenir chacun vingt-cinq à trente hommes. Mais, enhardis par le succès et par l'impunité, les Barbares-pirates construisirent une flotte de 2,000[1] ou même de 6,000[2] navires pour transporter une armée de 320,000 hommes. Ils s'embarquèrent à l'embouchure du fleuve Tyras (Dniester) et tentèrent, mais inutilement, de s'emparer de Tomi et de Marianopolis. Ayant repris la mer, ils entrèrent dans le Bosphore, où la rapidité du courant et l'impéritie de leurs pilotes leur firent perdre un nombre considérable de vaisseaux. Ils opérèrent des descentes sur différents points des côtes de l'Asie et de l'Europe; mais le pays ouvert avait été déjà dévasté, et lorsqu'ils se présentèrent devant les villes fortifiées, ils furent repoussés honteusement. Un esprit de découragement et de division s'éleva dans la flotte. Quelques chefs dirigèrent leur course vers les îles de Crète et de Chypre; mais les principaux, suivant

---

1. Trebellius Pollion, *Claude.*
2. Zozime.

une route directe, débarquèrent près du mont Athos et assaillirent l'importante ville de Thessalonique, capitale de la Macédoine.

Un empereur vaillant, Claude II, se hâta d'accourir au secours des provinces. Il força les Barbares à lever le siège, les poursuivit et remporta sur eux une grande victoire près de Naïssus (Nissa en Servie). Il s'empara des vaisseaux ennemis qui revenaient chargés de butin et les brûla. « Nous avons détruit
» 320,000 Goths, écrivait Claude, et coulé à fond
» 2,000 navires. Les fleuves sont chargés de bou-
» cliers, tous les rivages couverts d'épées et de lances.
» Les champs sont cachés sous les ossements ; aucun
» chemin n'est libre ; l'immense bagage de l'ennemi
» a été abandonné. Nous avons pris tant de femmes,
» que l'on a pu en donner deux et même trois à
» nos soldats victorieux [1]. » Claude reçut le surnom glorieux de *Gothique* (270).

L'invasion des Barbares fut contenue par les successeurs de Claude, Aurélien et Probus, capitaines expérimentés.

L'historien Zozime rapporte que Probus, voulant repeupler la Macédoine, la Thrace et le Pont, y transporta un grand nombre de prisonniers franks, burgondes et vandales qui formèrent des colonies. Il espérait se servir utilement de ces intrépides

---

1. Trebellius Pollion, *Claude*; — Zonare, xii, 26.

guerriers, après les avoir éloignés de leur patrie, en les disséminant dans les armées et dans les provinces. Mais les Franks trompèrent son attente. Exilés dans le Pont, ils se réunirent, s'emparèrent de quelques navires, traversèrent le Bosphore, entrèrent dans la mer Égée, ravagèrent les côtes, abordèrent ensuite en Sicile et pillèrent Syracuse. De là, ils se dirigèrent vers l'Afrique, mais une escadre romaine les atteignit en vue de Carthage et leur livra un combat dans lequel ils perdirent la moitié de leurs vaisseaux. Cet échec ne découragea pas ces hardis navigateurs; ils franchirent les colonnes d'Hercule, longèrent les côtes de l'Espagne, puis celles de la Gaule, faisant souvent des descentes pour enlever des vivres, arrivèrent heureusement à l'embouchure du Rhin et revirent enfin leur patrie.

Sous Dioclétien, la piraterie des Frisons et des Saxons fut combattue mais non détruite sur les côtes de la Bretagne; quant au bassin de la Méditerranée, il resta calme. L'empereur avait du reste fixé sa résidence à Nicomédie pour mieux surveiller l'Orient. Après l'abdication de Dioclétien (305), Galérius et Constance Chlore prirent le titre d'augustes, Maximien et Sévère furent nommés césars. Mais Constantin ayant presque aussitôt succédé à son père, les Romains, irrités de l'abandon où les laissaient les nouveaux empereurs, élevèrent au trône Maxence, qui se donna pour collègue Maximien, de sorte que l'empire eut six maîtres à la fois. La guerre civile éclata. En 313, il n'y eut plus que deux empereurs en présence, Licinius en Orient et Constantin en Occident. Ce dernier marcha contre son rival, le battit d'abord à Cybalis, puis à Mardie, et le força d'abandonner ses possessions d'Europe (314). Les hostilités recommencèrent en 323. Licinius, à la tête de 170,000 soldats aguerris, vint camper sous Andrinople et attendit Constantin. Il fut vaincu et se réfugia dans Byzance. Les flottes des deux empereurs en vinrent aux prises à l'entrée de l'Hellespont. Une horrible tempête qui assaillit l'excellente flotte de Licinius, composée de vaisseaux égyptiens, ioniens, phéniciens, cypriotes, cariens et africains, aida au triomphe de Constantin. Licinius s'enfuit de Byzance, gagna Chalcédoine, où il réunit ses meilleures troupes. Constantin débarqua les siennes au promontoire sacré et défit encore complètement son rival, près de Chrysopolis. Le vainqueur rentra dans Byzance après cette lutte acharnée. Il y établit le siège de l'empire, éleva sur son emplacement admirable la grande ville de Constantinople qui repoussa pendant plus de dix siècles les attaques des Barbares et devint le plus grand centre de commerce du monde. Les provinces d'Orient durent leur salut à la création de Constantinople. Le Bosphore et l'Hellespont étaient les deux entrées de la ville, et le prince qui était maître de ces passages importants pouvait toujours les fermer aux navires ennemis et les ouvrir à ceux du commerce. Aussi, les Barbares qui, dans le siècle précédent, avaient conduit leurs flottes jusqu'au centre de la Méditerranée, désespérant de forcer cette barrière infranchissable, renoncèrent à la piraterie et demandèrent à être incorporés dans les armées impériales.

Les empereurs grecs, héritiers du grand Constantin, veillèrent autant qu'il fut en leur pouvoir à ce que la nuée des Barbares qui entouraient l'empire restât dans l'ignorance de la science navale ; ils frappèrent de mort ceux qui tentèrent d'enseigner à ces voisins redoutables la fabrication des vaisseaux [1].

La piraterie fut ainsi contenue pendant longtemps. Le christianisme enfin qui répandait de jour en jour, à partir de Constantin, ses bienfaits sur le monde, ne fut pas non plus sans influence parmi les nations qui l'accueillirent et qui ne tardèrent pas à renoncer à leurs anciennes habitudes de brigandage, à s'épurer, à s'adoucir et à se moraliser par l'effet des divines doctrines du Christ. C'est du christianisme, en un mot, que naquit le droit des gens.

---

1. *Cod. tit. de pœnis* ; Const. 25, *Basiliques*, liv. 9, tit. 47, *de pœnis*. « *His qui conficiendi naves incognitam ante peritiam barbaris tradiderint capitale judicium decernimus.* »

CHAPITRE XXVII

LA PIRATERIE ET LA LÉGISLATION MARITIME DANS L'ANTIQUITÉ.

Toute piraterie, suivant la remarque judicieuse de M. Pardessus [1], suppose l'existence d'un commerce maritime aux dépens duquel elle s'exerce. Le commerce avait donc besoin d'une protection. C'est pour la lui donner que des guerres furent entreprises contre les pirates par tous les États qui eurent successivement la prépondérance maritime ou l'empire de la mer dans la Méditerranée. Mais, à l'origine, il n'existait pas de navires armés en guerre, et, même à des époques postérieures, il arriva souvent qu'aucun peuple ne faisait la police sur les eaux. Rome, après avoir détruit Carthage, avait complètement négligé la marine et laissé la mer au pouvoir des flibustiers. Qui protégeait alors la navigation, et comment les navires marchands pouvaient-ils transporter en sécurité les produits de l'agriculture et du

---

1. *Collection des lois maritimes*, t. I, p. 69.

négoce? Le premier moyen de défense fut peut-être celui dont les Grecs surtout paraissent avoir retenu l'usage, puisque Cicéron emploie un mot grec pour le désigner: ὁμοπλοΐα [1]. C'est ce que nous appelons « voyage de conserve » quand plusieurs navires se réunissent pour naviguer ensemble et s'assurer en quelque sorte mutuellement contre les périls communs de la navigation, comme on se réunit en caravane pour se défendre contre les Bédouins, ces pirates du désert.

J'ai beaucoup insisté pour démontrer que, pendant une grande partie des temps anciens, la piraterie ne fut pas considérée comme criminelle et qu'elle fut, au contraire, un métier tout comme un autre. Les mêmes actes qualifiés plus tard de crimes et punis comme tels, grâce au progrès de la civilisation et de la morale, passaient pour licites quand les différentes nations se les permettaient vis-à-vis d'étrangers dont elles rapportaient les dépouilles comme un légitime butin de guerre. Combien n'ai-je pas cité de peuples qui ne vivaient que de rapines et de brigandages sur terre et sur mer? Ce ne fut, en réalité, que sous l'empire romain, que les pirates cessèrent d'être regardés comme de « justes ennemis », et qu'ils furent traités comme des « brigands et des voleurs ». « *Hostes* » *sunt*, dit Ulpien[2] qui vivait sous Alexandre Sévère,

1. *Epist. ad Atticum.* XVI, 1.
2. *Fragm.* 24, *Dig.* lib. 49, tit. 15.

» *quibus bellum publice populus romanus decrevit, vel*
» *ipsi populo romano. Cæteri latrunculi vel prædones*
» *appellantur.* »

Parmi les peuples de l'antiquité qui firent aux pirates les guerres les plus acharnées, les Rhodiens se distinguèrent entre tous par leurs lois nautiques. Le haut rang que les Rhodiens ont occupé parmi les nations commerciales est attesté par Tite-Live, par Polybe, par Strabon, par Florus, etc., qui vantent la sagesse de leur législation. Cicéron lui a rendu hommage dans son discours pour la loi *Manilia :* « *Rho-*
» *diorum usque ad nostram memoriam disciplina na-*
» *valis et gloria remansit.* »

Le droit maritime des Rhodiens reproduisait, en les complétant, les dispositions des lois de Tyr. Il passa en partie dans la loi romaine. Une question vivement débattue et sur laquelle les opinions les plus contraires se sont produites, a été celle de savoir si le recueil ou compilation aujourd'hui connu sous le nom de *lois rhodiennes*, publié pour la première fois par Schard, en 1591, et inséré par Lœwenklau, en 1596, dans une collection d'ouvrages sur le droit gréco-romain, *jus græco-latinum,* sous la rubrique : *Loi maritime des Rhodiens,* Νόμος Ῥοδίων ναυτικός, doit être considéré comme contenant le texte des véritables lois de Rhodes. Jacques Godefroy, Mornac, Vinnius, Gianonne, Valin ont accepté et vanté ce recueil comme authentique [1]. François Baudoin, Antoine Augustin, Bynkershoeck, Heineccius, Gravina croient, au contraire, y reconnaître les signes manifestes d'un récit trompeur et d'une composition fabriquée à plaisir par un juriste ignorant, ou peut-être par un pauvre grec affamé : « *Jus illud rhodium quod nescio quis Græculus esuriens finxit,* » dit Bynkershœck [2]. Cujas a exprimé, au sujet de ces lois rhodiennes, l'opinion que ce n'étaient pas les anciennes lois de cette île célèbre, mais des lois d'une date plus récente, *recentiorum leges*. M. de Pastoret, dans sa remarquable *Dissertation*, couronnée en 1784, par l'Académie des Inscriptions et Belles-Lettres, partage cet avis : « Il paraît assez prouvé, dit-il, » que les lois des Rhodiens, telles qu'elles ont été » faites, ne sont pas parvenues jusqu'à nous [3]. »

On peut contester à cette compilation les deux caractères d'antiquité et d'autorité législative, mais elle ne doit pas cependant être rejetée d'une manière absolue, comme un assemblage incohérent et sans valeur. M. Pardessus me semble être tout à fait dans le vrai, en disant que cette série de chapitres,

---

1. « *Pretiosum fragmentum,* » dit Mornac ; « *in qua legum navalium collectione,* » dit Vinnius, « *multa sane sunt egregia et scitu utilissima.* » Pardessus, *loc. cit.*, I, 26.

2. *Dissertatio ad legem rhodiam, de jactu.*

3. *De l'influence des lois maritimes des Rhodiens sur la marine des Grecs et des Romains.*

sans appartenir à la législation positive, ni en faire partie, s'y rattachait comme un livre de pratique se rattache à la loi dont il offre les développements ou le supplément usuel [1]. Penser avec Meyer et Boucher que les Rhodiens n'ont point eu de lois maritimes écrites, mais seulement des coutumes successivement accrues et corrigées par les décisions des juges, c'est s'insurger contre des autorités parfaitement dignes de foi. Le *Digeste* emploie expressément le mot loi : *De lege rhodia, lege rhodia cavetur, lege rhodia judicetur*. Dans un fragment inséré au *Digeste*, le jurisconsulte Volucius Mæcianus rapporte un rescrit qu'il attribue à l'empereur Antonin : « Requête d'Eudémon » de Nicomédie à l'empereur Antonin. — Ayant fait » naufrage sur les côtes d'Italie, nous avons vu nos » effets enlevés par les agents du fisc qui résident » aux îles Cyclades. » — Antonin répondit : « Je suis » maître du monde, mais la loi est maîtresse de la » mer. Que la loi maritime des Rhodiens soit obser- » vée en tout ce qui n'est pas contraire aux nôtres, » ainsi l'a décidé autrefois l'empereur Auguste [2]. »

En présence de textes aussi importants, il n'est pas permis de supposer que les jurisconsultes et les législateurs romains n'ont désigné que des usages vagues

---

1. *Loc. cit.*; c'est aussi l'opinion de M. Cauchy, *Droit maritime international*, ouvrage couronné par l'Académie des sciences morales et politiques.

2. Frag. 9, *Digeste, de lege rhodia, de jactu*.

et incertains ou de simples coutumes manquant de ce caractère d'authenticité et de précision qui n'appartiennent qu'aux actes du pouvoir législatif.

Les bonnes lois navales deviennent universelles, celles des Rhodiens, dans l'antiquité, ont été, selon l'expression de l'empereur Antonin, maîtresses de la mer. Les *Us et coutumes* des Barcelonnais, dans le XI° siècle, les *Jugements* d'Oléron, dans le XIII° siècle, et les *Ordonnances* de Wisby, au XV°, ne furent que les institutions maritimes des Rhodiens, transmises d'âge en âge, plus ou moins modifiées suivant l'état de la navigation et les progrès des peuples.

Les lois rhodiennes contenaient certainement des règlements sur la police des gens de mer et sur la répression des vols et des baratteries. A mesure que le commerce se répandit et que les idées de justice, d'humanité et de droit se développèrent chez les nations, on songea à purger les mers de la piraterie dont le propre, comme on l'a remarqué souvent, est de croître en force et en audace si on la laisse s'exercer impunément. Aussi la répression de ce brigandage dut-elle marcher de pair avec les progrès de la civilisation et du droit. Les nations les plus renommées pour la justice de leurs lois nautiques furent celles qui s'employèrent avec le plus de zèle à extirper cette plaie de la navigation. Les lois de Rhodes firent la force et la prospérité de cette île. C'est certainement dans ces lois qu'a été puisé le principe inscrit au *Digeste* que le pirate était un brigand et qu'il ne pouvait acquérir par la prescription la propriété de l'objet par lui volé[1].

Il existait une singulière disposition dans la loi grecque : lorsqu'un citoyen d'une ville grecque éprouvait un déni de justice dans une autre ville, il pouvait être autorisé par son gouvernement à exercer des représailles, c'est-à-dire à saisir la propriété d'un des concitoyens de son débiteur. Ces représailles s'exerçaient généralement sur mer. Qu'on juge combien d'actes de piraterie devaient se cacher sous le couvert de ce droit[2] ! La loi romaine ne nous a transmis aucune trace d'une semblable disposition. Cette loi plaçait les vols commis par les pirates au nombre des cas de force majeure qui fournissaient à un armateur une légitime exception contre la demande des choses qui lui avaient été confiées, et, parmi les sacrifices faits pour le salut commun, les sommes ou valeurs données pour racheter le navire que les corsaires avaient pris[3]. Enfin, en cas de reprises sur les pirates, on suivait, relativement au droit de revendication par le propriétaire dépouillé, des prin-

---

1. Lib. XLIX, tit. 15.
2. Démosthène, *Plaidoyers civils* ; Androclès contre Lacrite.
3. Dig., lib. IV, tit. IX, *Nautæ* ; lib. XIV, tit. II, *De lege rhodia de jactu.*

cipes semblables à ceux qui régissent les sociétés modernes [1].

Il existait de nombreuses actions dues à la sollicitude du législateur et du magistrat, et établies dans l'intérêt de la navigation et du commerce. Les vols commis, soit à bord, soit dans le chargement et le déchargement des navires, étaient sévèrement punis [2].

Non seulement les pirates, mais les peuples qui habitaient les rivages de la mer, ne se faisaient pas faute de s'emparer des effets des malheureux naufragés. C'est plutôt une supplication que la revendication d'un droit qui sort de la bouche d'un personnage de la tragédie grecque :

Ναυαγός ἥκω ξένος, ἀσύλητον γένος.
Je suis un naufragé, ne me dépouillez pas.

Le préteur traduisit en loi positive ce cri de l'humanité : « Si quelqu'un, dit-il, enlève à mauvaise
» intention un objet quelconque d'un navire en
» détresse ou naufragé, ou cause en cas pareil
» quelque dommage, je le condamnerai à rendre le
» quadruple, si la poursuite a lieu dans l'année, et
» à la simple restitution, si la poursuite n'a lieu que
» plus tard [3]. »

---

1. Inst., lib. 2, t. 6, § 2 et suiv., L. *unic.*, C. *de usucap. transform.*
2. *Fragm.* 88, tit. 2. lib. 47, Dig., *De furtis.*
3. *Fragm.* 1, tit. 9, lib. 47, Dig., *De incendio, ruina.*

Indépendamment de cette action, la loi criminelle prononçait des peines corporelles les plus sévères, le fouet ou les verges, l'exil, les travaux forcés dans les mines, contre ceux qui, au lieu de porter secours aux naufragés, les auraient pillés dans leur détresse [1]. Elle voulait qu'on traitât comme assassins ceux qui auraient empêché le sauvetage des passagers, dans le but détestable de s'approprier leurs dépouilles [2].

L'antique maxime *res sacra miser* fut enfin appliquée aux naufragés.

Les empereurs veillèrent avec soin sur les actes des agents du fisc qui, dans certaines localités, faisaient main basse sur les effets des naufragés. J'ai cité, à cet égard, la requête d'Eudémon de Nicomédie à l'empereur Antonin. Constantin fit aussi une déclaration généreuse dont voici les termes : « Que » mon fisc n'intervienne pas pour empêcher les » objets naufragés de retourner à leurs maîtres » légitimes. Quel droit aurait-il donc de tirer profit » d'une circonstance calamiteuse [3] ? »

Dans l'intérêt de la navigation, le législateur obligea les maîtres de navires à prendre dans des passes difficiles des pilotes spéciaux ayant acquis par la pratique une connaissance exacte et sûre des lieux.

1. Édit. d'Antonin.
2. Ulpien, *Fragm.* 3, § 8, Dig., *De incendio, ruina, naufragio.*
3. *Fiscus meus sese non interponat, quod enim jus habet fiscus in aliena captivitate ut de re tam luctuosa compendium sectetur.*

Sa sollicitude s'étendit à la police des gens de mer, et veilla à ce qu'une discipline rigoureuse fût observée à bord des navires de commerce comme à bord des vaisseaux de l'État. Il plaça sous la protection de la loi, les familles des marins ou naviculaires victimes de leur dévoûment. Enfin, la création des douanes organisées à Athènes comme à Rome, eut lieu dans un double but : celui de percevoir des droits imposés au profit du trésor public, et celui d'assurer l'exécution des lois qui, dans un intérêt général, prohibaient, soit l'importation, soit l'exportation de certaines denrées ou marchandises. Les règlements sur les douanes étaient observés avec une grande rigueur. Nous lisons, en effet, une sentence du jurisconsulte Paul, contemporain d'Alexandre Sévère, ainsi conçue : « Si le propriétaire d'un navire a
» chargé ou fait charger à bord quelque objet de
» contrebande, le navire sera confisqué; si le char-
» gement a eu lieu en l'absence du propriétaire, par
» le fait du patron ou d'un matelot, ceux-ci seront
» punis de mort et les marchandises confisquées,
» mais le navire sera rendu à son propriétaire [1]. »

A côté de si sages réformes et de si grandes mesures de protection survivaient cependant des actes traités de criminels quand ils étaient commis par des aventuriers sans patrie et sans loi, et considérés

---

1. *Fragm.* 11, § 2, Dig., lib. 39, tit. 4

comme licites quand des nationaux se les permettaient vis-à-vis d'étrangers dont ils rapportaient les dépouilles dans leur patrie, comme un légitime butin. Ainsi le droit de prise s'exerçait non seulement pendant la guerre, mais même pendant la paix, à l'égard des peuples qui n'avaient avec Rome ni pacte d'alliance, ni lien d'hospitalité ou d'amitié. C'est ce que dit Pomponius : « *Si cum gente aliqua neque* » *amicitiam, neque hospitium, neque fœdus amicitiæ* » *causa factum habemus, hi hostes quidem non sunt,* » *quod autem ex nostro ad eos pervenit illorum fit, et* » *liber homo noster ab eis captus servus fit et eorum :* » *idemque est si ab illis aliquid ad nos perverniat* [1]. » Ces lois inhumaines qui sanctionnaient dans une trop large mesure la piraterie elle-même, ont fait dire à Grotius que dans ces temps la corruption des mœurs avait éteint chez les hommes « le sentiment de l'humanité qui les rend sociables par nature [2] ». Cependant, hâtons-nous d'ajouter que le grand jurisconsulte Ulpien posa en principe, à propos du droit de prise, que la translation de propriété n'avait pas lieu au profit du capteur, s'il n'était qu'un pirate et non un légitime ennemi ; c'est pourquoi, disait-il, le citoyen enlevé par les brigands n'a pas besoin d'être

---

1. *Fragm.* 5, § 2, Dig. lib. 49, tit. 15.
2. « *Sensum naturalis sociatatis quæ est inter homines, mores exsurdaverant.* » Lib. 3, c. 9 § 18.

déclaré libre à sa rentrée, car il n'a jamais cessé de l'être aux yeux de la loi [1].

C'était un immense progrès ; à l'époque grecque il était loin d'en être ainsi. Une loi athénienne organisait la course pour enlever les hommes libres à l'ennemi [2]. C'était aussi une loi dans l'antiquité que l'homme libre devenait esclave de celui qui l'avait racheté jusqu'à ce qu'il eût remboursé sa rançon. Nous voyons dans le plaidoyer d'*Apollodore contre Nicostrate*, attribué à Démosthène, que Nicostrate s'étant mis en mer à la poursuite de trois esclaves fugitifs, tomba entre les mains des pirates, fut vendu à Égine, y subit un sort affreux et fût resté en servitude s'il n'avait trouvé le moyen de rembourser les 26 mines (23.831 fr. 60) que son acquéreur avait payées aux pirates. Une inscription d'Amorgos [3], de la fin du troisième siècle av. J.-C., rapporte un fait commun dans la vie des peuples anciens : « Des pi-
» rates ayant envahi le pays pendant la nuit et pris
» des jeunes filles, des femmes et d'autres, au nom-
» bre de plus de trente, Hégésippe et Antipappos
» qui eux-mêmes se trouvaient parmi les prison-
» niers, décidèrent le chef des pirates à rendre les
» hommes libres; quelques-uns des affranchis et des

---

1. *Fragm.*, 19, §2; 24, Dig., lib. 49, tit. 15.
2. Petit, *Lois attiques*, VII, 17.
3. Bœckh, *Corp. inscript.*, suppl. n° 2263.

» esclaves s'offrirent eux-mêmes en garantie et mon-
» trèrent un zèle extrême pour empêcher qu'aucun
» des citoyens ou citoyennes ne fût distribué comme
» partie du butin, ou vendu, et ne souffrît rien qui
» fût indigne de sa condition. » En récompense de
cette action honorable, on leur vota une couronne ;
l'inscription est le décret même du peuple en leur
faveur.

CHAPITRE XXVIII

LA PIRATERIE ET LA TRAITE DES ESCLAVES.

La traite des esclaves fut un des objets principaux de la piraterie. Le trafic des esclaves dans l'antiquité païenne était un besoin non seulement de la barbarie, mais de la civilisation elle-même, et devenait par conséquent l'une des excitations les plus puissantes à l'exercice de la piraterie publique ou privée.

Les prisonniers de guerre forment le fond de l'esclavage, et c'est par la guerre que le nombre des esclaves s'est élevé à un chiffre énorme dans l'antiquité. Les bas-reliefs égyptiens et assyriens représentent de longs défilés de captifs personnifiant les populations conquises et ayant des traits différents les uns des autres qui ont servi à déterminer les types de plusieurs peuples modernes. L'histoire nous apprend qu'après certaines conquêtes, c'était par milliers, par millions même, que le vainqueur comptait ses esclaves.

Le commerce des esclaves se faisait à la suite des

armées, dans les camps et dans les pays étrangers. Il remonte à l'époque la plus ancienne de l'histoire : On voit des reproductions évidentes de cet usage sur les monuments d'Égypte. Aux différents âges où la piraterie domina sur la Méditerranée, les places publiques de l'Asie, de l'Afrique, de la Grèce et de l'Italie, regorgèrent de cette marchandise humaine. Les Grecs qui tombaient entre les mains des pirates étaient vendus au loin et perdaient leur liberté jusqu'au jour où ils pouvaient se racheter par une forte rançon. Platon et Diogène éprouvèrent ce malheur ; les amis du premier donnèrent mille drachmes pour le racheter ; le second resta dans les fers et apprit aux fils de son maître à être vertueux et libres [1]. Il en fut de même à l'époque romaine, et j'ai dit que de grands personnages de Rome étaient tombés au pouvoir des pirates qui les employaient aux plus rudes travaux. Sous la république, on vit les chevaliers qui prenaient à fermage l'impôt des provinces y pratiquer l'usure, vendre comme esclaves les débiteurs insolvables et exercer la piraterie pour se procurer de la marchandise humaine. Souvent ces chevaliers, et même les gouverneurs républicains, ne respectaient pas la personne du citoyen romain.

En Grèce et en Italie, le nombre des esclaves dépassait de beaucoup celui des citoyens. La traite des

---

1. Diog. Laert., *in Plat.*, lib. 3, 20 ; 6, 29.

esclaves était pratiquée sur une grande échelle par les pirates. Tout le monde voulait des esclaves ; le plus pauvre citoyen en avait plusieurs ; Horace qui n'était pas riche en possédait trois. L'esclave lui-même n'aspirait à la liberté que pour en posséder à son tour : « Quand je serai libre, dit Gripus[1], j'achè-
» terai une terre, une maison à la ville, *des esclaves*,
» *j'équiperai de grands navires pour le négoce.* »

Jam ubi liber ero, igitur demum instruam agrum, aedeis, mancipia, Navibus magnis mercaturam faciam.

Chaque riche avait plus de mille esclaves. Le prix des esclaves était très élevé, surtout quand c'étaient des esclaves artistes ou littérateurs ; ces derniers se vendaient couramment 25,000 francs, quelquefois plus. Que l'on juge par là de l'ardeur que les pirates devaient mettre à se procurer cette précieuse marchandise. Les riches favorisaient même la piraterie et encourageaient la concurrence afin d'avoir les esclaves à des prix moins élevés. Au dire de Plutarque[2], des chevaliers, les plus grands noms de Rome, équipaient des vaisseaux corsaires et se joignaient aux pirates. Ce fut grâce à l'appui qu'elle trouva ainsi dans Rome que la piraterie put se développer au point de devenir une puissance formidable. Ainsi que le fait très bien remarquer M. Wallon, dans son bel ouvrage, l'*His-*

1. Plaute, *Rudens*, v. 917-918.
2. *Vie de Pompée.*

toire de l'esclavage, le besoin d'esclaves stimulait la piraterie qui, transformée en traite des blancs, était devenue la profession commerciale la plus lucrative et la plus répandue dans l'antiquité.

C'étaient surtout les petits royaumes asiatiques que visitait le pirate marchand d'esclaves, appelé par les Grecs ἀνδραποδοκάπηλος (*andrapodocapèle*), et par les Romains *leno*, ou encore *mango*. Il y avait une raison à cela : l'esclave syrien était estimé pour sa force ; l'asiatique, l'ionien surtout, l'était pour sa beauté ; l'alexandrin était le type accompli du chanteur et de l'esclave dépravé. Les auteurs comiques et satiriques abondent en précieux renseignements sur les diverses qualités des esclaves. Les courtisanes qui jouent un si grand rôle dans la vie antique, étaient l'objet d'un commerce étendu, et les pirates en étaient les grands pourvoyeurs. Les femmes libres elles-mêmes étaient enlevées ; j'ai cité de nombreux exemples de ces enlèvements rapportés par les historiens, et que de fois la scène a représenté les aventures de ces malheureuses, ravies à leurs parents, ce qui fait supposer que ces sortes de rapts étaient très communs. A Athènes, on désignait sous le nom d' ἀνδραποδισταί *(andrapodistai)*, la classe des malfaiteurs qui s'emparaient des personnes libres et les vendaient comme esclaves. Ces ventes étaient si répandues qu'une loi, attribuée à Lycurgue, avait établi que nul ne pourrait traiter avec un marchand d'esclaves sans se faire représenter un certificat constatant que la personne vendue avait déjà servi chez un autre maître nominativement désigné[1].

Les marchés d'esclaves les plus célèbres à l'époque grecque étaient à Corinthe, à Égine, à Cypre, en Crète, à Éphèse, et surtout à Chio. A l'époque romaine, la grande échelle de Délos était devenue le grand centre commercial de la traite. C'était là que les corsaires crétois et ciliciens vendaient et livraient leur marchandise aux spéculateurs d'Italie. Entre le lever et le coucher du soleil on vit une fois débarquer et mettre aux enchères dix mille malheureux. Les *lenones* et les *mangones* exposaient ordinairement tout nus les esclaves à vendre, portant sur leur tête une couronne et au cou un écriteau sur lequel leurs bonnes et leurs mauvaises qualités étaient détaillées. Si le *leno* avait fait une fausse déclaration, il était obligé de dédommager l'acheteur de la perte que celui-ci pouvait faire, et même, dans certains cas, de reprendre l'esclave. Ceux que le marchand ne voulait pas garantir étaient mis en vente avec une sorte de bonnet *(pileus)* sur la tête, afin que l'acheteur fût bien averti. Les esclaves venus des pays situés au delà des mers portaient à leurs pieds des marques tracées avec de la craie, et leurs oreilles

---

[1]. *Dictionnaire des antiquités grecques et romaines* : *Andrapodismou graphé.*

étaient percées. C'était à Pouzzoles que les pirates débarquaient de préférence leur marchandise, en étalant un luxe insolent. Un de ces pirates marchands d'esclaves est appelé par Horace « roi de Cappadoce! » Il n'y avait sorte de ruses qui ne fussent employées par ces traitants pour dissimuler les défauts de leurs esclaves ou pour exagérer leurs perfections; ils savaient donner aux membres plus de poli, de rondeur et d'éclat.

Les pirates avaient un marché national en Cilicie, à Sidé. Là se trouvait le grand entrepôt des prises faites sur les villes maritimes du continent, et ces prises consistaient principalement en créatures humaines. Sidé fut pendant de longues années le principal marché aux esclaves du monde romain. On y avait établi des bazars où les prisonniers étaient vendus aux enchères. Après la destruction de la piraterie, Sidé n'en continua pas moins le même commerce[1], elle devint le port le plus considérable de la région, et ses habitants, en grande partie des aventuriers prêts à tout entreprendre, acquirent d'immenses richesses. Au X° siècle, elle conservait encore sa mauvaise réputation. Constantin Porphyrogénète la nommait l'officine des pirates, *piratarum officina*.

---

1. Strabon, xiv.

CHAPITRE XXIX

LA PIRATERIE ET LA LITTÉRATURE. — LE THÉATRE ET LES ÉCOLES DE DÉCLAMATION.

Les historiens grecs et romains auxquels j'ai fait de si nombreux emprunts pour le développement de la partie historique de la piraterie ne sont pas les seuls à consulter sur cette matière, il faut aussi interroger les œuvres purement littéraires, si l'on veut avoir une idée complète de la piraterie dans l'antiquité. Le théâtre, la comédie surtout, reflet des mœurs, abonde en aperçus précieux et en documents curieux sur la piraterie. C'est dans les œuvres des grands auteurs comiques que je trouverai jetés çà et là, une foule de traits caractéristiques et une multitude de renseignements concernant la vie et les mœurs des pirates, marchands d'esclaves. Combien la moisson serait plus abondante si la comédie grecque n'avait pas disparu! A défaut des œuvres des poètes comiques de la Grèce reste le théâtre de Plaute et de Térence, imitateurs d'Épicharme, de Ménandre, de Philémon, de Diphile, d'Alexis, et les scènes qu'il contient sur la piraterie tiennent à la fois de la Grèce et de Rome, comme du reste les personnages et les mœurs.

En dehors de l'histoire, le théâtre suffirait pour nous apprendre que la piraterie était en pleine vigueur dans le monde ancien. En effet, il n'est presque pas de pièce où l'intrigue ne roule sur des enlèvements de jeunes filles et de jeunes gens. Je n'ai qu'à citer par exemple le sujet de la pièce du *Pœnulus, le petit Carthaginois*, imitée de Ménandre, pour le prouver. Dans le prologue, Plaute expose qu'il y avait à Carthage deux pères auxquels on enleva à l'un son fils âgé de sept ans, et à l'autre ses deux filles en bas âge avec leur nourrice. Le garçon fut transporté à Calydon et vendu à un vieillard qui l'adopta et le fit son héritier ; quant aux deux jeunes filles, elles furent achetées, argent comptant, avec leur nourrice, par un marchand d'esclaves, le plus exécrable des hommes, si toutefois un *leno* est un homme,

> Præsenti argento, homini, si leno 'st homo,
> Quantum hominum terra sustinet, sacerrumo.

Dans la fameuse pièce des *Ménechmes*, le chef-d'œuvre de Plaute, un des chefs-d'œuvre aussi de notre poète comique Regnard, il s'agit encore d'enlèvement. Dans le *Cåble (rudens)*, imité de Diphile, Palæstra, fille de Démonès de Cyrène, est tombée toute jeune entre les mains d'un pirate qui l'a vendue au trafiquant Labrax. Il en est de même dans le *Curculio (le Charançon)*, dans le *Persan* et autres comédies de Plaute où des personnes, enlevées et considérées comme esclaves, recouvrent plus tard leur qualité de citoyennes libres, après mille intrigues imaginées par le poète.

Plaute, qui vivait à une époque où la piraterie était maîtresse de la Méditerranée, composa même une comédie intitulée *les Pirates ou l'Aveugle, Prædones vel cæcus*. La perte de cette œuvre nous est particulièrement sensible; que de détails intéressants elle nous eût donnés sur la piraterie ! Il n'en reste que quelques vers ; l'un d'eux résume en lui seul l'histoire de la piraterie :

Ita sunt prædones, prorsum parcunt nemini,

« Voilà comme sont les pirates, ils n'épargnent personne! » D'ingénieux interprètes, M. Naudet, entre autres, ont donné par conjecture l'analyse de cette pièce qu'ils ont refaite à la manière de Cuvier. D'après eux, la comédie des *Pirates* était sans doute une pièce de circonstance, du moins en partie. Plaute excitait ou flattait la haine des Romains contre Carthage. On mettait en scène des pirates africains. Les spectateurs romains admiraient les richesses d'une demeure ou d'une ville près de laquelle les flibustiers avaient débarqué. On s'apprêtait au combat ; peut-être l'invasion arrivait-elle au milieu d'une fête. Les brigands triomphaient. Ils se vantaient de leurs violences,

Perii, hercle, Afer est !

« Je suis perdu, s'écrie un des personnages, en
» entendant parler un de ces pirates, c'est un Afri-
» cain ! »

Ils menaçaient les vaincus de la torture pour les contraindre à dire où leurs richesses étaient cachées :

Si non strenue fatetur, ubi sit aurum, membra ejus exsecemus serra.

Dans toutes les comédies de Plaute et de Térence, imitées ou non des poètes comiques grecs, on retrouve toujours un personnage indispensable, le marchand d'esclaves, le *leno*. Ces poètes sont très durs pour ces misérables voleurs et vendeurs d'esclaves ; ils en parlaient du reste en connaissance de cause, Plaute était esclave. et Térence avait été enlevé par des pirates. Il n'est pas étonnant dès lors de trouver dans leurs œuvres une science profonde des ruses et des spéculations du *leno*, des misères et des mœurs de l'esclave. Dans Plaute surtout, le caractère des esclaves, leurs fourberies, et aussi leurs souffrances, sont reproduites avec une vérité et une énergie admirables. A l'époque où les poètes comiques grecs et latins mettaient sur la scène des

marchands d'esclaves, c'était, je l'ai déjà dit, au moment de la plus grande puissance des pirates ; aussi, le *leno* est-il, à proprement parler, un pirate, et non pas exclusivement un marchand. En effet, ce sont généralement des étrangers que le *leno* amène sur le marché, et la plupart de ces étrangers des deux sexes ont été ravis à leurs parents et à leur patrie. Le *leno* est un misérable, un être sans honneur, les poètes ne lui ménagent pas les injures. Dans la comédie du *Persan,* de Plaute, *Toxile* apostrophe le *leno Dordalus* en ces termes : « Ah ! te
» voici.... être impur, infâme, sans foi ni loi, fléau
» du peuple, vautour de l'argent d'autrui, insa-
» tiable, méchant, insolent, voleur, ravisseur ef-
» fronté ! Trois cents vers ne suffiraient pas pour
» exprimer tes infamies [1] ! »

Dans un grand nombre de vers le *leno* est ainsi injurié.

Dans les *Adelphes* de Térence, *Sannion* paie d'impudence :

« Marchand d'esclaves, c'est vrai, je l'avoue ; je suis
» la ruine des jeunes gens, un voleur, un fléau pu-
» blic [2] », et le poète nous fait voir ce *leno* se dirigeant avec une riche cargaison de femmes et d'opu-

1. Acte III, sc. III, v. 403-408.
2. Acte II, sc. I, v. 189-190.

lentes marchandises vers l'île de Cypre, consacrée à Vénus, et centre d'un grand commerce de courtisanes.

C'est ainsi que l'on trouve dans le théâtre antique mille traits ayant rapport à la piraterie et au danger de la navigation.

Un voyage était le grand souci de l'époque, j'ai dit que pour se mettre en mer on préférait la saison d'hiver et les temps orageux, on aimait mieux exposer sa vie que sa liberté. Un des personnages de Plaute ne peut s'empêcher de dire comiquement, et le trait est bien vrai, du moins en ce qui concerne le vaisseau : « Celui qui veut se préparer beaucoup d'embarras n'a qu'à se donner deux choses, *un vaisseau* et une femme ! »

> Negoti sibi qui volet vim parare
> Navem et mulierem, hæc duo conparato [1].

Non seulement la piraterie fournissait des sujets de comédies au théâtre, elle avait encore du retentissement dans les *écoles de déclamation*. L'histoire de la déclamation romaine est très intéressante, j'en dirai quelques mots avant d'indiquer les sujets que l'enseignement de cet art a empruntés à la piraterie.

Les Romains entendaient par le mot *declamatio* un exercice d'éloquence. L'enseignement de la déclamation apporté par des rhéteurs grecs à Rome ne s'y établit d'une manière définitive qu'après la mort du

1. *Pœnulus*, acte I, sc. II, v. 210-211.

vieux Caton. On se rappelle, en effet, ce qui arriva au sujet de la mission de Diogène, de Critolaüs et de Carnéades, les trois délégués d'Athènes pour la négociation diplomatique de l'occupation d'Oropos. Ces habiles rhéteurs, en attendant la décision du Sénat, réunissaient autour d'eux l'élite de la jeunesse romaine et la charmaient par leur science philosophique, par leur éloquence, et par les grâces de leur esprit. Les pères excitaient leurs enfants à s'appliquer aux lettres grecques et à rechercher la société de ces hommes admirables. Seul, le sévère censeur fut effrayé des séductions exercées par les envoyés d'Athènes sur ses concitoyens. Craignant que la jeunesse ne préférât la gloire de bien à dire à celle de bien faire et de se distinguer dans la carrière des armes, il demanda énergiquement au Sénat l'expulsion de ces rhéteurs, *otiosi, inepti, loquaces*, qui démontraient le matin l'utilité, le soir l'inutilité de la vertu, et savaient si bien, disait-il, faire du juste l'injuste et de l'injuste le juste. Mais Caton mort (149 av. J.-C.), les rhéteurs affluèrent, ouvrirent des écoles qui obtinrent la plus grande faveur de la part du public, et l'héllénisme se répandit désormais victorieusement sur l'Italie.

> Græcia capta ferum victorem cepit, et artes
> Intulit agresti Latio [1].

1. Horace, *Épît.* II, 1.

L'enseignement le plus goûté à Rome était celui de la déclamation. Il fallait, en effet, savoir parler pour arriver aux fonctions publiques, et chaque citoyen considérait le service de l'État comme un devoir. Les professeurs étaient généralement esclaves ; ils fondaient des écoles ou cours de déclamation en langue grecque où les jeunes gens apprenaient à soutenir des discussions philosophiques et à prononcer des éloges et des harangues judiciaires. La méthode d'improvisation occupait le premier rang dans l'enseignement sophistique. Ces déclamateurs que Cicéron appelait des ouvriers en paroles, à la langue agile et bien exercée, *operarios, lingua celeri et exercitata*, habituaient leurs disciples à s'armer d'équivoques et de sophismes pour faire triompher le mensonge et la vérité. Quelques Romains, tels que L. Præconius, surnommé *Stilo*, « l'homme au style », M.-S. Postumus, L.-P. Gallus, professèrent en langue latine. Cicéron, lui-même, qui aimait tant à prononcer des discours, eut l'idée de déclamer devant ses amis, et souvent même devant les amis et les généraux de César, Balbus, Oppius, Matius, Pansa, Hirtius, Dolabella, etc. Il mit l'usage de la déclamation à la mode précisément au moment où l'éloquence politique allait disparaître. C'était après Pharsale.

L'empire opéra un grand changement à Rome : la vie publique n'exista plus, les citoyens cessèrent de s'occuper des affaires de l'État. On fut désoccupé,

suivant l'expression de madame de Sévigné. On se jeta dans l'étude des belles-lettres, ce qui faisait gémir Horace : « Ignorants ou habiles nous écrivons tous », disait-il, et Sénèque s'écriait : « Nous souffrons
» de l'intempérance de la littérature, *litterarum in-*
» *temperantia laboramus*. » Le forum devint désert, l'empereur, selon les termes de Tacite, ayant pacifié l'éloquence comme tout le reste. Elle fut donc réduite à ne plus vivre que par elle-même; on déclama pour le plaisir de déclamer, et l'empire fut la plus belle époque de la déclamation. Les écoles des rhéteurs, placées sous la surveillance du préteur, regorgeaient d'élèves. Les jeunes gens étaient d'abord exercés au genre démonstratif, ils prononçaient des *laudationes* ou panégyriques dans lesquels on louait les dieux, les grands hommes, les qualités de l'âme, les villes, etc... Les matières d'amplifications étaient dictées avec les formules de lieux communs, sur lesquels Cicéron a écrit un curieux traité, *les Topiques*, imité d'Aristote. Puis venaient dans le genre délibératif ce que l'on appelait les *suasoriæ*. Il y avait enfin les controverses, *controversiæ*, dans le genre judiciaire. C'est de ce dernier dont je vais parler, car on y retrouve la piraterie.

Les jeunes gens soutenaient des thèses affirmatives et négatives devant un auditoire nombreux et composé de leurs parents, de leurs amis et des gens du grand monde. Les sujets sur lesquels roulaient les controverses n'étaient pas très variés, il en résultait une sorte de concours où plusieurs orateurs parlaient dans le même sens et cherchaient à surpasser leurs rivaux en habileté, en imagination ou en esprit. Sénèque le Rhéteur et Quintilien fournissent chacun un volume de ces controverses.

Les controverses classiques par excellence étaient empruntées à la piraterie. Je n'entrerai pas dans l'examen de chacune de ces déclamations, très fastidieuses généralement, je me bornerai à signaler qu'un grand nombre de déclamations sont brodées sur le canevas suivant : Des jeunes gens « enlevés par des pirates » écrivent à leurs pères de les racheter; la rançon payée, ces jeunes gens, revenus dans leur patrie, refusent de nourrir leurs parents. La loi ordonnait d'enchaîner tout enfant qui ne nourrissait pas ses parents. Devait-on leur faire application de cette loi ? Souvent la discussion devenait vive parce qu'on supposait que l'enfant ingrat avait eu « l'insigne honneur de tuer un tyran », action qui le mettait au-dessus des lois et lui attirait la bienveillance des juges-déclamateurs. Le tyrannicide était l'homme à la mode dans les écoles de déclamation. Juvénal nous apprend que la classe nombreuse du rhéteur Vectius immolait en chœur dans ses compositions les farouches tyrans[1]. La plupart du temps on supposait aussi que

---

1. Satire VII ; — Boissier, *L'Opposition sous les Césars*, et à son cours.

le meurtrier était le plus proche parent du tyran, et l'on discutait s'il devait être puni ou récompensé.

Parmi toutes ces déclamations il en est une beaucoup plus intéressante que les autres, celle de la *Fille du chef de pirates, Archipiratæ filia*, dont voici le sujet : Un jeune Romain enlevé par les pirates écrit à son père de le racheter, mais le père reste inflexible. La fille du chef des pirates s'éprend d'amour pour le captif et lui fait promettre de l'épouser si elle parvient à le délivrer. Les deux amants s'échappent, et le jeune homme, fidèle à son serment, épouse sa libératrice. Aucun enfant n'étant né de cette union, le père du jeune Romain veut contraindre son fils à répudier sa femme ou à la vendre. Sur le refus de celui-ci, le père le désavoue et le déshérite. Était-il fondé à le faire en droit ? — Telle est la proposition de cette controverse[1] exceptionnellement intéressante, attrayante même par les développements que lui donnaient des orateurs jeunes et pleins d'imagination.

Les uns montraient, en effet, le captif couvert de haillons, enchaîné et gisant au fond d'un horrible cachot. Puis, ils faisaient apparaître la jeune fille, douce, sensible, aimante, née probablement de quelque captive, car elle n'avait rien des mœurs des pirates, *nihil in illa deprehendi poterat piraticum ;*

---

1. Sénèque le Rhéteur.

elle supplie son père, se jette à ses genoux en l'implorant en faveur du malheureux prisonnier dont les souffrances lui arrachent des larmes. La fille du pirate parvient enfin à délivrer le captif, les deux amants prennent la fuite et arrivent à Rome. Là, ils trouvent un père inflexible qui veut les séparer. « Partons, leur fait-on dire, puisque nous ne pou-
» vons partager le même bonheur, nous partagerons
» du moins la même infortune. »

D'autres soutenaient que la jeune fille n'avait pas agi sous l'impression de la pitié pour les souffrances du captif, mais sous l'empire seulement de la volupté ; d'autres, qu'elle avait suivi le Romain, non par amour, mais par haine envers son père, un chef de pirates. « Il faut se défier, disait un déclamateur, de
» cette fille audacieuse, née et élevée au milieu des
» pirates, et impie envers son père. » L'un des orateurs essayait d'ébranler la fidélité de l'époux en s'écriant : « Quel est ce tumulte, l'incendie nous
» entoure, les paysans fuient épouvantés, ô jeune
» homme, voici ton beau-père ! »

Quand on en venait aux voix, les jeunes auditeurs se prononçaient tous en faveur des amants.

Je suis entré dans quelques développements sur cette déclamation, il me semble qu'elle contient les germes du *roman* dans l'antiquité, et c'est la piraterie qui en a fourni le sujet. Mlle de Scudéri s'en est inspirée dans son roman de *Clélie*. Cette controverse lui a donné l'idée de dépeindre la Méditerranée sillonnée par les pirates et de décrire un brillant combat entre son héros *Aronce* et un corsaire qui emportait sur son brigantin des Romains enchaînés parmi lesquels se trouvaient Clelius et la fameuse Clélie, sa fille. C'est un des meilleurs passages de ce roman. Mlle de Scudéri a traité l'épisode des pirates d'une manière en tous points conforme aux données de l'histoire.

La controverse de l'*Archipiratæ filia* est un souvenir perpétué dans les écoles de déclamation de certaines aventures romanesques qui se produisirent au moment où la piraterie était maîtresse de la mer. L'amour, en effet, ne pouvait-il pas naître dans le cœur des filles des pirates quand elles voyaient parmi les captifs de jeunes Romains, de haute aristocratie et de belles manières, surtout quand ce captif était un Clodius ou un César ? Et de même ne peut-on pas supposer avec quelque raison que de jeunes Romaines furent séduites aussi par la vie aventureuse, la brillante audace et les immenses richesses de certains corsaires, possédant, au dire de Plutarque [1], des navires dorés, des rames d'argent, des voiles de soie éclatante, et parcourant les mers, mollement étendus sur des tapis de pourpre de l'Orient, pendant que de joyeux concerts retentissaient sur le

---

1. *Vie de Pompée.*

pont de leurs somptueuses galères. Combien de fois la jeune fille ne dut-elle pas profiter du bénéfice de la loi qui lui donnait le droit d'épouser son ravisseur, si elle n'exigeait pas sa mort?

On voit par l'esquisse rapide que je viens de tracer, que la piraterie occupait singulièrement les esprits dans l'antiquité puisqu'on la retrouve même dans les œuvres littéraires. C'était à un tel point que l'on discutait en philosophie[1] si les navigateurs, au retour d'un voyage au long cours, et témoins du départ d'autres voyageurs, ne devaient pas s'empresser de les avertir non seulement des tempêtes et des écueils, mais encore des *pirates* qu'ils pourraient rencontrer. Cet empressement était la conséquence de la bienveillance naturelle qu'on ressent pour ceux qui vont à leur tour s'exposer aux dangers auxquels on vient d'échapper.

1. Cicéron, *Pro Murena*, 11 ; Quintilien, v, 11

FIN.

TABLE ALPHABÉTIQUE.

ABDÈRE, ville de Thrace, 89.
ABSYRTOS, frère de Médée, 23.
ACHÉENS, ppl. de la Grèce, 82, 157, 161, 168, 185.
ACHILLE, fils de Pélée, 27.
ACTIUM, ville d'Épire, 202.
ADANA, ville de Cilicie, 212.
ADRIEN, empereur, 253, 258.
ÆNARIA (île d'Ischia), 128.
ÆTÈS, roi de Colchos, père de Médée, 13, 23.
AGATHOCLE, 129, 130.
AGRIPPA, 232-237, 241.
AGRON, roi d'Illyrie, 154.
AGYLLA, ville d'Étrurie, 154.
AHENOBARBUS (D.), 224.
ALALIA, ville de Corse, 87, 88.
ALAMANS (les), 266.
ALCIBIADE, 110.
ALEXANDRE le GRAND, 118, 121.
ALEXANDRE, tyran de Phères, 116.
ALEXANDRIE, ville d'Égypte, 120, 179.
AMANUS (le mont), en Cilicie, 215.
AMASIS, roi. d'Égypte, 53, 59, 71.
AMAZONE (tribus de l'), 15.
AMÉRIQUE (tribus de l'), 11.
AMILCAR, 127.
AMORGOS, île de la mer Égée, 286.

AMPHIPOLIS, 116.
AMPHOTHÈRE, amiral, 118.
AMYCOS, 24.
ANAXILAOS, de Rhegium, 127.
ANCÔNE, ville d'Italie, 258.
ANCYRE (inscription d'), 246, 247.
ANDRINOPLE, ville de Thrace, 273.
ANEMUR, ville de Cilicie, 256.
ANICIUS, préteur, 163, 164.
ANNIBA., 205.
ANTIGONE, roi de Macédoine, 165.
ANTIOCHUS LE GRAND, 169.
ANTIUM et les ANTIATES (Italie), 142, 143.
ANTOINE (M.), triumvir, 225, 227, 228, 231, 237, 238.
ANTONIN, empereur, 279.
ANTONIUS (M.), père du triumvir, 196, 205.
APAMÉE, ville de Bithynie, 269.
APOLLODORE, 286.
APOLLONIATE (lac), 269.
APOLLONIE, ville d'Illyrie, 159.
APOLLOPHANÈS, 235, 236.
APPIUS CLAUDIUS, 147.
APUANS, ppl. de Ligurie, 138.
AQUILIUS, consul, 174, 175.
ARABION, 222.

ARCANANIENS, ppl. de la Grèce, 153, 157.
ARCHAGATUS, 130.
ARCHÉLAOS, 219, 220.
ARDIÆENS (les), 159.
ARGO (le navire), 21-24, 43.
ARGONAUTES (les), 21-24.
ARGOS, ville de l'Argolide, 12, 202, 270.
ARIADNE, 18.
ARIOBARZANE, roi de Cappadoce, 180.
ARION, 20.
ARISTIDE, 101.
ARISTAGORAS de Milet, 92.
ARISTOPHILIDE, roi des Tarentins, 90, 91.
ARUNTIUS, 226.
ASSYRIENS (les), 84.
ATHÈNES et les ATHÉNIENS, 64-77, 92, 93, 100-105, 107-114, 178, 193, 270.
ATHÉNODORE, 202.
ATINTANIENS, ppl. de l'Épire, 159, 162.
ATOSSA, femme de Darius, 90.
ATTALIA, ville de Pamphylie, 189.
ATTILIUS, lieutenant de Pompée, 208.
ATYS, roi de Lydie, 80.
AUGUSTE, *voir* Octave.
AULUS POSTHUMIUS, consul, 158-161.
AURÉLIEN, 271.
AUSTRALIE (tribus de l'), 11, 15.

BACCHUS, 17-20.
BALÉARES (les îles), 170-172.
BELLINUS, préteur, 205.

BÉRÉNICE, 219.
BIAS de Priène, 85.
BITHYNIE, contrée de l'Asie-Mineure, 180.
BRINDES, BRINDUSIUM (Italie), 155, 209.
BRUTUS, 221, 224.
BRUTTIUS SURA, préteur, 178.
BUTO (oracle de Latone à), 55.
BYZANCE (ville de), 93, 117 258, 273.

CADMUS, 37, 38.
CAIÈTE, 205.
CAIUS CALIGULA, 254, 255.
CALAURIE (île de), 202.
CALVISIUS SABINUS, 229-231.
CAMBYSE, 59, 80.
CAPPADOCE, contrée de l'Asie-Mineure, 180.
CAPRI (île de), 137.
CARIENS, ppl. de la Carie, 29, 38, 42, 55, 85, 89, 193.
CARINA, 222.
CARISTYENS, ppl. de l'Eubée, 100.
CARNÉADES, 301.
CARTHAGE, CARTHAGINOIS, 88, 89, 121-132, 145-150.
CASSANDRE, 130.
CASSIUS, 221, 224.
CASTOR et POLLUX, 22, 24.
CATON L'ANCIEN, 301.
CATON LE JEUNE, 215, 216, 218, 219.
CAUNIENS (les), ppl. de l'Asie-Mineure, 89.
CENTUMCELLE, ville d'Italie, 258.
CEPHALLÉNIE, île de la mer Ionienne, 154.

César, 185-187, 194, 204, 208, 220, 222.
Chalcédoine, ville de Bithynie, 269, 273.
Charidémos, 116.
Chéronée, v. de Béotie, 178.
Chio ou Chios (île de la mer Égée), 87, 94, 47, 176, 179, 293.
Chrysogonas, 269.
Chrysopolis, ville de Bithynie, 273.
Chrysor, 6.
Chypre ou Cypre (île de), 102, 217-219, 293.
Cicéron, 215, 216, 302.
Cilicie, contrée de l'Asie-Mineure, 183-191, 210-216.
Cimon, 99, 100-103.
Cinna, lieutenant de Pompée, 209.
Claros, 202.
Claude, empereur, 255-257.
Claude II le Gothique, 271.
Cleemporus, 156.
Cléobule, 86.
Cléopatre, 220, 227.
Clites (les), tribus de la Cilicie, 256, 257.
Clodius, 204, 217, 217, 218.
Cnidiens (les), 89.
Cnosse, ville de Crète, 198.
Coléos de Samos, 60, 61.
Colchide, contrée du Pont-Euxin, 13, 21, 23, 33.
Colophon, ville d'Ionie, 179.
Comana, 220.
Commoris, forteresse de Cilicie, 215.
Confédérations (origine des), 11.

Constantin le Grand, 272-274, 283.
Coracésium, ville de Cilicie 210, 211.
Corcyre, 52, 54, 104, 105, 130, 154, 157-161, 241.
Corinthe et Corinthiens, 50, 52, 54, 63, 270, 293.
Cornélius (P.), 143.
Cornificius, 234.
Corse (île de), voir Cyrnos.
C. et L. Coruncanius, 155, 156.
Corycus, ville de Lycie, 189, 213.
Cos (île de), 175.
Crassus (L.), préteur, 176.
Cremna, ville de Lycie, 259.
Crésus, 85, 86.
Crète (île de), et Crétois, 41 43, 84, 179, 183, 191-199, 293.
Critolaus, 301.
Crotone, ville d'Italie, 90, 205.
Ctésium, port de Scyros, 100.
Cumes, ville d'Italie, 128, 230.
Curtius Severus, 257.
Cybalis, 273.
Cydonie, ville de la Crète, 197, 198.
Cyrène, ville d'Afrique, 179, 183.
Cyrnos (la Corse), 87, 128, 149, 172, 229.
Cyrus, 86, 87.
Cythère (île de la mer Ionienne), 81, 84.
Cyzique, île et v. dans la Propontide, 23, 238, 269, 270.

DALMATES (les), 241.
DARIUS, 77, 80, 89-97.
DARIUS CODOMAN, 118.
DÉCIUS JUBELLUS, 145, 146.
DÉCIUS MUS, 143.
DÉLOS, île de la mer Égée, 29, 76, 202, 293.
DÉMAGORAS, 177.
DÉMÉTRIUS de Pharos, 155, 159, 161-163.
DÉMOCÉDÈS, 90, 91.
DÉMOCHARÈS, 230, 235.
DÉMOSTHÈNE, 112, 117.
DENYS L'ANCIEN, 128, 154.
DENYS LE PHOCÉEN, 94.
DIDYME, 202.
DIMALE, 162.
DIOCLÉTIEN, 272.
DIODOTE TRYPHON, 211.
DIOGÈNE, 290.
DIOGÈNE LE RHÉTEUR, 301.
DIONIDES, 119.
DIONYSOS (Bacchus), 17-20.
DOLABELLA (C.), 189.
DOLOPES, ppl. de l'île de Scyros, 100.
DOMITIEN, 253.
DORIMAQUE, 166-168.
DUILIUS, 149, 236.
DYMÉ, ville d'Achaïe, 212.

ÉACÈS, 57.
ÉGÉLOQUE, amiral, 119.
ÉGINE (île d'), 69-77, 104, 286, 203.
ÉGYPTE, ÉGYPTIENS, 37, 56, 57, 84, 219, 220.
ÉLEUTHERA, forteresse de la Crète, 198.
ÉMILIUS (L.), 162, 163.
ÉPHÈSE, ville de l'Ionie (Asie-Mineure), 175, 270, 203.

ÉPIDAMNE, ville d'Illyrie, 52, 156-160.
ÉPIDAURE, ville de l'Argolide, 73, 202.
ÉPIPHANIE, ville de Cilicie, 212.
ÉPIROTES, ppl. de l'Épire, 153.
ÉRANA, forteresse de Cilicie, 215.
ÉRÉTRIE, ville de l'Eubée, 92, 95.
ÉSOPE, 86.
ÉTOLIE, ÉTOLIENS, 161, 165-169.
ÉTRURIE, ÉTRUSQUES, 127, 128, 133-138.
EUDÉMON, 279.
EUMÉE, 25, 27.
EUROPE (enlèvement d'), 13, 20, 31.
EURYDICE, 20.
EURYMÉDON, fleuve de la Pamphylie, 102.

FIMBRIA, 183.
FRANCKS (les), 266, 271, 272.
FULVIUS (Cn.), 158, 160.

GABINIA (loi), 207, 208.
GABINIUS (Aulus), 207, 208, 219, 220.
GALLUS, 261, 262.
GELLIUS, lieutenant de Pompée, 208.
GÉLON de Syracuse, 127.
GENTHIUS, roi d'Illyrie, 163, 164.
GÉPIDES (les), 266.
GERMAINS (les), 266.
GÉRYON, 31.
GILLUS, 91.

GLAUCUS, 18.
GOTHS (les), 266-268, 271.

HALONÈSE, île de la mer Égée, 118.
HARPAGUS, 87, 89.
HÉGÉMONIE (l'), 11.
HÉLÈNE, 13.
HÉNIOKHES (les), 267.
HÉRACLÉON 204.
HERCULE, 22, 30.
HERMIONE, ville du Péloponèse, 202.
HÉRULES (les), 266.
HIÉRON Ier 127.
HIÉRON II, 132, 146.
HIMÈRE, ville de Sicile, 127.
HISTIÉE de Milet, 91, 93.
HYÉLA, ville d'Œnotrie, 88.
HYLAS, 23.

IAPYGIENS, ppl. de l'Italie, 130.
ICONIUM, ville de Lycaonie, 190, 261.
ILLYRIE, ILLYRIENS, 115, 153-164, 241.
IMBROS, île de la mer Égée, 14, 81.
INGAUNES, ppl. de Ligurie, 138.
INTÉMÈLES, ppl. de Ligurie, 138.
Io (enlèvement d'), 12, 13.
IONIE, IONIENS (Asie-Mineure), 92, 93, 174.
ISAURA, ville d'Isaurie, 190.
ISAURIE, ISAURIENS (Asie-Mineure), 190, 191, 259, 261.
ISIDORUS, 202.
ISSA, île de l'Adriatique, 154, 155.
ISTRIE, 161.

JAPODES (les), 241.
JASON, 13, 21, 22.
JUNIUS, préteur, 186.

KAMBÉ, ville d'Afrique, 84.
KHRYSAOR, 31.
KLEPHTES (les), 165-169.
KRAGOS et ANTIKRAGOS, forteresses des pirates, 210.

LACONIE, contrée du Péloponèse, 81.
LAODICÉE, ville de Phrygie. (Asie-Mineure), 175, 216.
LASTHÉNÈS, 196-198.
LÉLÈGES, ppl. d'Asie-Mineure, 38, 42, 193.
LEMNOS, île de la mer Égée, LEMNIENS, 14, 23, 81, 202.
LENTULUS, lieutenant de Pompée, 208.
LEPIDUS, 225, 231, 234, 235.
LESBOS, île de la mer Égée, LESBIENS, 59, 94, 176.
LEUCADIE, île de la mer Ionienne, 154.
LIBURNIENS, ppl. des côtes de l'Adriatique, 153, 241.
LIBYENS (les), 81.
LICINIUS, 273.
LIGURES, ppl. de l'Italie, 138, 141.
LIPARI, îles voisines de la Sicile, 130, 204.
LISSUS, ville d'Illyrie, 160, 161.
LOLIUS, lieutenant de Pompée, 209.
LUCULLUS, 178-180, 200, 202.
LYCIE, contrée de l'Asie-Mineure, LYCIENS, 82, 89, 183, 191, 259, 263.

Lyctos, forteresse de la Crète, 198.
Lydie, contrée de l'Asie-Mineure, Lydiens, 80, 81, 85, 174.
Lydius. 259, 260.

Macédoine (la), 115.
Magon, 121, 122.
Malée (golfe de), au sud de la Laconie, 185.
Mallus, ville de la Cilicie, 212.
Malte (île de), 84.
Mamertins (les), 130, 131, 145-147.
Marcellus, lieutenant de Pompée, 208.
Mardie, 273.
Mardonius, 95.
Marianopolis, 270.
Marius, 181.
Massalia (Marseille), 88, 139, 222.
Maxence, 272.
Maximien, 272.
Médée, 13, 23.
Mégariens (les), voisins de l'Attique, 65, 69.
Melkarth, 30, 31.
Mélos, île de la mer Égée, 84, 109, 110.
Ménas, 227, 240.
Ménécratès, 224, 230, 240.
Ménephtah, 82.
Ménodorus, 224, 229-234.
Mercure, 59.
Messala, 234.
Messéniens, ppl. du Péloponèse, 166-168.
Messine, ville de Sicile, 130, 131, 230.

Métellus *Balearicus*, 171-172.
Métellus (Q.) *Creticus*, 197-199.
Métellus Nepos, lieutenant de Pompée, 209.
Métulum, ville de Liburnie, 241.
Micylion, 229.
Milet, Milésiens (Asie-Mineure), 55, 56, 59, 94, 186, 238.
Minos, roi de Crète, 29, 42, 43, 50, 193.
Misène, port et promontoire en Campanie, 205, 225, 242.
Mithras, 203.
Mithridate, roi de Pont, 173-179, 182.
Mitylène, ville de l'île de Lesbos, 237.
Munychie, un des ports d'Athènes, 98.
Murcus, 224.
Muréna, 189.
Myles, ville de Sicile, 234, 236.
Mysie, contrée de l'Asie-Mineure, 23, 174.

Nabuchodonosor II, 85.
Naucratis, port sur la branche Canopique du Nil, 71, 72.
Nauloque, 236.
Naxos, île de la mer Égée, 94, 101.
Néa, île près de Lemnos, 202.
Nébridius, 262.
Néko, 32, 89.

NÉRON, empereur, 257.
NÉRON (C.), proscrit, 226.
NÉRON(T.)lieutenant de Pompée, 208.
NESTOR, 27.
NICÉE, ville de Bithynie, 238, 269.
NICIAS, 29, 109.
NICODROME, 76, 77.
NICOMÈDE, roi de Bithynie, 180.
NICOMÉDIE, 238, 269, 272.
NICOSTRATE, 286.
NUCÉRIA, ville de la Campanie, 143.
NYSTRIE, ville de la côte illyrique, 160.

OASIS (Égypte), 54.
OCTAVE AUGUSTE, 223-247.
OCTAVIUS (L.), 198, 199.
ŒNOTRIE, contrée de l'Italie, 88.
OLYMPUS, ville de Lycie, 189.
OMBRIE, contrée de l'Italie, 81.
OPHIR (région d'), 33.
OPPIUS, 174, 175.
ORCHOMÈNE, 178.
ORÉTÈS, 59.
OROANDA, ville d'Isaurie, 190.
OROPOS (occupation d'), 301.
ORPHÉE, 20, 22, 38.
OSOUS, 6.
OSTIE, port à l'embouchure du Tibre, 142, 205, 255, 256.

PAMPHYLIE, contrée de l'Asie-Mineure, 183, 191, 259.

PANARÈS, 196-198.
PANNONIENS (les), 241.
PAPHLAGONIE, contrée de l'Asie-Mineure, 179.
PARIS, 13.
PAXOS, île de la mer Ionienne, 157.
PÉLASGES (les), 13, 14, 42, 81, 133.
PÉLUSE, ville d'Égypte, 32, 83, 89.
PÉONIENS, ppl. de la Macédoine, 115.
PERGAME, ville de Mysie, 186.
PERPENNA, 163, 164.
PÉRIANDRE de Corinthe, 54.
PERSÉE, roi de Macédoine, 163, 164.
PÉTILLIUS, 163, 164.
PEUCÉTIENS, ppl. de la Calabre, 130.
PHALÈRE, un des ports d'Athènes, 98.
PHARMACUSE, île de la mer Égée, 185.
PHAROS, île de l'Adriatique, 163.
PHASÉLIS, ville de Lycie, 189, 190.
PHÉNICE, ville de l'Épire, 155.
PHÉNICIE, les PHÉNICIENS, 12, 27, 29-39, 41, 89, 94.
PHIGALÉE, ville du Péloponèse, 166.
PHILADELPHE, affranchi d'Octave, 229.
PHILIPPE II, roi de Macédoine, père d'Alexandre, 115-118.
PHILIPPE, roi de Macédoine, 163.

PHILISTI (les), 82.
PHILOCHARIS, 144.
PHOCÉENS (les), ppl. de l'Ionie, 86-88, 122, 123.
PHRYGIE, contrée de l'Asie-Mineure, 174.
PINDÉNISSUM, ville de la Cilicie, 215.
PINEUS, roi d'Illyrie, 163.
PIRÉE (le), un des ports d'Athènes, 98.
PISISTRATE, 65-69.
PISON, lieutenant de Pompée, 209.
PITTACUS de Mitylène, 8., 86.
PLATON, 290.
PLAUTE, 298.
PLOTIUS, lieutenant de Pompée, 208.
POLLION (Asinius), 222.
POLYCRATE de Samos, 53-59.
POMPÉE LE GRAND, 198, 199, 208-214.
POMPÉE (SEXTUS), 221-240.
POMPÉIOPOLIS, ville de Cilicie, 212.
POMPONIUS, lieutenant de Pompée, 208.
POSTHUMIUS, ambassadeur romain, 144, 145.
POSTHUMIUS (AULUS), consul, 158-161.
POSTHUMIUS, le pirate, 142, 143.
POUZZOLES, ville de Campanie, 243, 255, 294.
PROBUS, 259, 271.
PROCULÉIUS, 235.
PRUSE, ville de Bithynie, 269.

PSAMÉTIK Ier roi d'Égypte, 55, 60.
PSAMÉTIK III, roi d'Égypte, 89.
PTOLÉMÉE AULÉTÈS, roi d'Égypte, 219, 220.
PTOLÉMÉE, roi de Chypre, 217, 218.
PYDNA, ville de Macédoine, 116.
PYRGAMION, 204.
PYRRHUS, roi d'Épire, 131, 132, 145, 205.
PYTIUNTE, 268.

QUADES (les), 266.

RAMSÈS II (SÉSOSTRIS), 82.
RAMSÈS III, 81, 82.
RAVENNE, ville d'Italie, 242.
RHADAMANTHE, 43.
RHEGIUM, ville de Calabre, 88, 145, 146.
RHODES (île de), les RHODIENS, 44, 45, 84, 117, 176, 178, 195, 277-280.
ROME, les ROMAINS, 123, 126, 131, 145-151, 153-164.

SABINES (enlèvement des), 15.
SALAMINE, île du golfe Saronique, 65-69, 127.
SALVIDIÉNUS, 223.
SAMOS, île des côtes de l'Asie-Mineure, les SAMIENS, 53-61, 71, 89, 94, 176, 202.
SAMOTHRACE, île de la mer Égée, 81, 176, 202.
SARDAIGNE (île de), 83, 149, 172, 224, 225.
SARDES, ville de Lydie, 86, 92.
SARMATES (les), 266.
SATURNINUS, 226.

SCIATHOS, île du golfe Thermaïque, 178.
SCIPION l'AFRICAIN, 150, 151.
SCIRON, éphore à Messène, 167.
SCODRA, ville d'Illyrie, 153, 163.
SCYLLA (écueil de), 230.
SCYLAX, 89.
SCYROS, île de la mer Égée, 14, 27, 100.
SCYTHIE, les SCYTHES, 91, 266-269.
SÉLEUCUS, 202.
SEPTIME SÉVÈRE, 258.
SEPYRA, forteresse de Cilicie, 215.
SERTORIUS, 181, 183, 207.
SERVILIUS (P.) *Isauricus*, 189-191.
SÉTI Iᵉʳ, roi d'Égypte, 81.
SEXTILIUS, préteur, 205.
SHAKALASH (les), 82.
SHARDANES (les), 81, 83.
SICILE (île de), 84, 149, 222, 224, 225, 234, 272.
SIDÉ, ville de Cilicie, 294.
SIDON, ville de Phénicie, les SIDONIENS, 30, 84.
SILANUS, 226.
SINOPE, ville de Paphlagonie, 202.
SIPHNOS, une des Cyclades, 195.
SMYRNE, ville de Lydie, 81.
SOLI, ville de Cilicie, 34, 212.
SOLON, 65-69, 86.
SORRENTE (le cap de), 137.
SPARTACUS, 181.
SPINTHER (LENTULUS), 197.
STRYMON, fleuve de Macédoine, 116.

SUCCESSIANUS, 268.
SYLLA, 178-182, 185.
SYLOSON, 89.
SYRACUSE, ville de Sicile, 204, 272.

TALOS, 24.
TARENTE, ville d'Italie, 90, 131, 144, 145, 213, 229.
TARSE, ville de Cilicie, 245.
TARTESSUS, ville d'Espagne, 60.
TAUROMÉNIUM, ville de Sicile, 234.
TAURUS (mont), 29, 190, 210.
TCHERKESSES, ppl. du Caucase, 14.
TÉNARE, 202.
TÉNÉDOS, île de la mer Égée, 176.
TÉOS, ville de Lydie, 89, 116.
TÉRENCE poète comique, 298.
TEUCRIENS (les), 82.
TEUTA, reine d'Illyrie, 154-163.
THALÈS de Milet, 86.
THASOS, île de la mer Égée, 84, 102, 118.
THÉMISTOCLE, 99, 101, 102.
THÉORIS (la galère), 76.
THÉRON d'Agrigente, 127.
THÉSÉE, 43, 64, 100, 193.
THESSALONIQUE, ville de Macédoine, 271.
THOAS, 23.
THRACE (la), 89, 91, 92, 115.
TIBÈRE, 252, 253.
TIMOLÉON, 128, 143.
TITIUS, 236, 239.
TOMI, ville de la Basse-Mysie, 270.
TOTH-HERMÈS, 35.

Traités d'alliance, 123-126, 131.
Trajan, empereur, 258.
Trébizonde, ville sur le Pont-Euxin, 268.
Triérarques, 111-112.
Triton, 17.
Trosobore, 256, 257.
Tyndaris, ville de Sicile, 234.
Tyr, ville de Phénicie, 13, 30, 37, 84, 85.
Tyrrhéniens, Tyrséniens, 18, 19, 20, 81, 82, 83, 88, 133, 134.

Tyrsénos, 81.

Ulysse, 25, 33, 43, 44.
Utique, ville d'Afrique, 84.

Valérien, 262.
Varron, lieutenant de Pompée, 208.
Védiantiens, ppl. de Ligurie, 138.
Verrès, 204.
Vespasien, 257, 258.

Zénicétus, 189, 190.

FIN DE LA TABLE ALPHABÉTIQUE.

TABLE DES MATIÈRES

		Pages.
Introduction.		
Chap. Ier. — i.	Considérations générales sur la piraterie dans l'antiquité. — Civilisation primitive. — Origine de la navigation	1
ii.	État social primitif. — Les enlèvements et le mariage	10
— II. — i.	La légende de Bacchus	17
ii.	Les Argonautes	21
iii.	Les héros d'Homère	25
— III. —	Les Cariens et les Phéniciens	29
— IV. —	Première répression de la piraterie. L'île de Crète. — Minos. — Rhodes.	41
— V. —	Les pirates grecs	47
— VI. —	L'île de Samos. — Le tyran Polycrate. — Le marchand Colæos	53
— VII. —	La piraterie grecque. — Salamine. — Égine	63
— VIII. —	Le monde oriental à l'époque des guerres médiques	79
— IX. —	La Grèce après les guerres médiques.	99
— X. — i.	De l'empire de la mer exercé par Athènes	107
ii.	Organisation de la marine athénienne.	111
— XI. —	La piraterie à l'époque de Philippe II et d'Alexandre le Grand	115
— XII. —	Les Carthaginois. — Traités d'alliance avec les Romains. — La Sicile. — Les Mamertins	121

			Pages
Chap.	XIII.	— Les Étrusques. — Les Ligures...	133
—	XIV.	— Rome et la piraterie.........	141
—	XV.	— Guerres de Rome contre la piraterie. — L'Illyrie. La reine Teuta. — Démétrius de Pharos.— Genthius.	153
—	XVI. i	— Les Étoliens et les Klephtes....	165
	ii	Conquête des îles Baléares....	170
—	XVII.	— Mithridate et les pirates.......	173
—	XVIII.	— Puissance des pirates. — Captivité de César.............	181
—	XIX.	— Expédition de Publius Servilius *Isauricus* contre les pirates......	189
—	XX.	— Les pirates crétois. — Expéditions d'Antonius et de Métellus.....	193
—	XXI.	— Exploits des pirates. — Leur luxe et leur insolence...........	207
—	XXII.	— La loi *Gabinia*.— Pompée.— La Cilicie.	201
—	XXIII.	— Conquête de l'île de Cypre et de l'Égypte...............	217
—	XXIV.	— Sextus Pompée et la piraterie. — Auguste...............	221
—	XXV.	— La piraterie sous l'empire romain...	249
—	XXVI.	— La piraterie et les invasions des Barbares...............	625
—	XXVII.	— La piraterie et la législation maritime dans l'antiquité...........	275
—	XXVIII.—	La piraterie et la traite des esclaves..	289
—	XXIX.	— La piraterie et la littérature. — Le théâtre et les écoles de déclamation.	295
Table alphabétique.........................			309

FIN DE LA TABLE DES MATIÈRES.

Châteauroux. — Typographie et Stéréotypie A. Nuret et Fils.

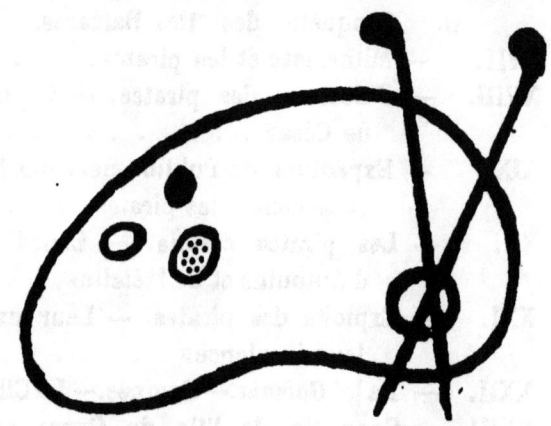

BIBLIOTHÈQUE NATIONALE

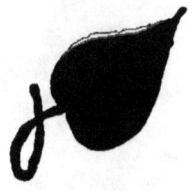

CHÂTEAU
de
SABLÉ
1989

www.ingramcontent.com/pod-product-compliance
Lightning Source LLC
Chambersburg PA
CBHW060637170426
43199CB00012B/1579